# 英文レポートの書き方とすぐに使える例文集

ISHII Takayuki　　KITA Takashi　　TOYOOKA Masaaki

## 石井隆之＋喜多尊史＋豊岡正明◆著

●組み合わせて自由自在に使える機能別表現を満載●企画書・提案書・小論文などにも活用できる英文ライティングのコツ

# The Golden Rule for Perfect Writing

Brush up your writing while adding variety to your expressions!

ベレ出版

# は じ め に

　国際化と情報化の現在、英語による発信型コミュニケーションが重要であると言われています。コミュニケーションというと、「話すこと」であると考えがちですが、「書くこと」も大切なコミュニケーションであることを忘れてはならないでしょう。実際、大学での勉強や研究、また、職場などでの様々なビジネス場面においては、「書くこと」が極めて重要です。

　そして「書くこと」は、インターネットや e-mail の発展により世界がほぼ瞬時に結ばれる現代においては、必要不可欠な能力となっていると言えるでしょう。しかし、同時にこの能力は、他の技能「聞くこと」「読むこと」あるいは「話すこと」に比べ、最も身に付けにくいと英語教育学では考えられています。というのは、英語を書いたとしても、チェックをしてくれる人が極めて少ないという現状があります。学校では日本人の英語教師、職場では英語ができるスタッフが、その面倒を常に見てくれるということは殆どないし、また、完璧な指導は不可能だと思われます。

　本書は、そのような現実に対する希望の光を投げかけることを目指し、発信型コミュニケーションにおいて極めて重要な「書くこと」の理論と実践をコンパクトにまとめています。第 1 章は理論編で、第 2 章から第 6 章までが実践編です。応用自在の例文を豊富に集めています。また、楽しくためになるコラムも随所に散りばめています。

　特に、本書は「書くこと」の分野の語学書でも、類書の少ない「レポート」の書き方に焦点を当てています。学生の方に対しては、英文による学術的色彩の濃いレポートに役だつ例文を、社会人の方に向けては、ビジネスにおける報告書、企画書、提案書、仕様書などに応用できる例文を満載しています。

　ところで、英語の report という言葉の語源を知っていますか。＜ re ＞は「後に」、＜ port ＞は「運ぶ」だから、「後ろに運ぶこと」が原義です。「あるところにおける情報や意見を元のところに伝えること」から、「報告」という意味が出来上がるのですね。有益な情報や意見を伝達するという report の行為が、現代の産業を発展させ、科学技術を向上させたといっても過言ではないでしょう。

　英語を母国語とする欧米社会は、人やものや情報や意見がダイナミックに動

くことを重視する社会です。それが証拠に important（重要な）という単語は、＜ in ＞（中に）と＜ port ＞（運ぶ）から成り立っています。英語の世界では動くことが重要なのです。ちなみに、日本語の「重要だ」という言葉は「重」という漢字が入っていることからも分かりますが、イメージは静的ですね。日本社会では、移動を重視しない保守的な面があるのが、言葉にも反映されているわけです。

　情報や意見のダイナミックな動きに貢献するのが「書くこと」です。そして、現代社会において、この「書くこと」の具体的な基本形態が、重要情報や意見を伝達する単純にして確実な方法であるレポートに他なりません。

　一般的に言って、「書くこと」自体の総合能力向上は難しい面がありますが、レポートを英文で書くことは、基本を押さえれば決して難しいものではありません。本書で紹介した書き方の技術及び活用が自在の例文をしっかり学べば、効果的にして効率的である最強のレポートを書く素地が養えると確信しています。

　本書が、レポートを英文で書くための最高の手引書となり、さらには、「書くこと」の総合的能力の開発と発展に寄与できれば、これに勝る喜びはありません。

　本書を書くにあたって、第1章1〜5節、第3章4節、第5章1節と2節、第6章は石井が、第1章6節、第2章、第3章1〜3節、及びコラムは喜多が、第4章、第5章3節、更に、エピローグは豊岡が担当しました。また、データの整理は、石井が所長を務める TAC 言語文化研究所の特別研究員石川由佳子氏に、校正は同研究所の主任研究員萩野つゆ美氏に、校閲は喜多が主宰する喜多塾特別アドバイザーの David Smith 氏にお願いしました。また、豊岡が校長を務める大阪国際高等学院の奈切陽子氏のご協力なしには本書は世に出なかったと思います。最後に、編集の立場から多大なご尽力をいただいたベレ出版の脇山和美氏をはじめ、本書の成立に励ましをいただいた諸氏に心からの謝意を表明したいと思います。

石井　隆之

喜多　尊史

豊岡　正明

# CONTENTS

## 第 1 章　英文レポートの書き方　理論と実践

# 第2章　レポートの展開に応じた技法別英語表現

# 第3章　英文レポートを書くための機能別英語表現

# 第4章　英文レポートによく使われる品詞別表現

# 第5章　数の英語表現と専門用語

# 第6章 英文レポートサンプルと作成上の注意点

# コ ラ ム

# 本書の概要と利用法

■**本書の３大特長：**
  (1)書くことに関する全ての情報と技術を集大成している。
  (2)応用自在の具体的例文を豊富に挙げている。
  (3)重要表現は索引で検索可能である。

■**対象：ビジネスレポートを書くビジネスパーソン、及び英文レポートを書く**
   **学生**

■**本書の構成**
  第１章　　　理論に基づいて書くことの実践を段階的に示しています。
  第２章　　　レポートの展開に応じた表現を技法別に整理しています。
  第３章　　　書くための表現を機能別に整理しています。
  第４章　　　書くことに有効な単語を品詞別に整理しています。
  第５章　　　書くことに必須の専門的表現を厳選してまとめています。
  第６章　　　具体的なレポートを挙げて、効果的なレポート作成のコツを示
             しています。
  プロローグ　書くことに関する基本的な考え方を述べています。

■**本書の特長に応じた効果的な利用法**
  その１　　　目次の項目が詳しい→必要に応じ、目的の情報や表現を検索してく
             ださい。
  その２　　　日本語の索引がある→日本語から、目的の単語、表現、文を検索し
             てください。
  その３　　　英語重要語リストが→重要英単語の使い方が再確認できます。例文
             ある　　　　　　　　の掲載ページを示しています。
  その４　　　日本語と英語が対応→英文のページを隠して、日本語に対応する英
             している　　　　　　語を考えて、その後、その英文を見て声に出
                               して発音してください。

その5 参考になるコラムが→地道な学習で疲れた時に、また、更なる表現
　　　多い　　　　　　　　力アップのために読んでください。

## ■本書の記号の意味
### (1)アルファベットの文字の意味
　S：主語　V：動詞　O：目的語　C：補語　M：修飾表現
### (2)記号の意味
　スラッシュ：例えばA／B→AとBは交換可能を表わす。
　（注）上のAとBは1単語である。だからAB／CDというつながりは、
　　　　ABDとACDの2つの表現が可能ということを示す。
　（例）...assume alarming／menacing proportions. は、
　　　　...assume alarming proportions と assume menacing proportions
　　　　の2つの表現を表わしている。（意味は「事態は恐ろしい様相を呈し
　　　　ている」)
　セミコロン：例えばA；B→AとBを列挙していることを表わす。ほぼ
　　　　　　　同じ意味の表現を列挙するときに用いる。
　丸カッコ：例えばA（B）→Bは省略可能を示す。したがって、ABとA
　　　　　　の2つの表現が存在することを表わす。
　丸カッコとイコール：例えばA(＝B)→AはBと同意であることを表わす。
### (3)図形の意味
　丸印＋表現：例えば○A→Aと言う表現は正しいことを示す。
　（注）但し、何も図形の記号がついていない場合も、正しい表現である
　三角印＋表現：例えば△A→Aと言う表現はあまりよくないことを示す。
　バツ印＋表現：例えば×A→Aと言う表現は文法的に誤りであることを
　　　　　　　　示す。
### (4)その他の注意点
　日本語索引：①五十音順に並べてある。
　　　　　　　②動詞は終止形で載せてある。
　英語重要語リスト：①アルファベット順に並べてある。
　　　　　　　　　　②動詞は原形で、形容詞は原級で載せてある。

# 第 1 章

# 英文レポート
# の書き方
# 理論と実践

# The Golden Rule
for Brush up your writing while adding variety to your expressions!
# Perfect Writing

# ❶ レポートを書くための準備段階

## ■1．トピックの決定

　マーケティングリサーチの報告や企画書の作成など、ビジネス場面における
ビジネスレポートは、あらかじめ会社などから命令されて書くので、トピック
は決められていることがほとんどです。しかし、大学生の学術的なレポートや、
ビジネスにおいても、ブレーンストーム的な提案については、トピックを決め
られていないこともよくありますね。ここでは、トピックを決定する場合の注
意事項を簡単に述べておきましょう。

　一般に話すほうのスピーチは主に3つのタイプに分かれます。

| （a）Speech for information | ：情報を伝えるスピーチ |
| （b）Speech for opinions | ：意見を述べるスピーチ |
| （c）Speech for entertainment | ：娯楽のためのスピーチ |

　学校での授業などは(a)、政治家の街頭演説などは(b)の集合体と言えます。ま
た、落語は(c)の一種ですね。同様に、writing についても、以下の3種があり
ます。

| （a）Writing for information | ：情報を伝えるライティング |
| （b）Writing for opinions | ：意見を述べるライティング |
| （c）Writing for entertainment | ：娯楽のためのライティング |

　レポートというジャンルの writing は(a)と(b)です。(c)は物語や文学、随筆な
どが主流で、レポートの本質ではありません。読んで楽しいレポートは、特に
求められません。もちろん、興味深いレポートであることが重要なのは言うま
でもありませんね。

　レポートにおけるトピックの設定においては、上記の(a)即ち情報を与えるこ
とを目的にするのか、(b)即ち意見を主張することが主眼なのかを、まず決めま
しょう。

　レポートのトピックにおける最大のチェックポイントは、そのレポートを書
く人が強い関心を抱いているトピックであるかどうかです。興味のないことに

は、力が入らないので、インパクトのあるレポートは望めないですね。

それぞれのレポートは、次の観点に注意すべきでしょう。

### ①情報を伝えるレポートの場合

(1) Correct information

情報源が豊富にあり、伝える情報が正しいこと。

(2) Useful information

その情報が役に立つものであることが望ましい。

### ②意見を述べるレポートの場合

(1) Understandable opinions

公共の福利に反しない、理解しやすい意見であること。

(2) Unique opinions

できるだけ独創的なものであることが望ましい。

トピック（レポートにする具体的な分野）は以上の視点を踏まえたものにすることが大切でしょう。そして、そのトピックに伴うレポートのタイトルを決めておくことが必要です。

## ■2．アウトラインの形成

レポートのトピックとタイトルが決まっても、いきなり書き始めるのは、よほどのプロでない限り、そう簡単ではありません。次にアウトライン（レポート内容の大まかな流れ）をある程度決めておくことが大切です。アウトラインは次の2段階で固めるとよいでしょう。

①第1段階　ブレーンストーミング法によるキーワード列挙

②第2段階　キーワードアレンジ法によるレポートの展開順序の決定

「ブレーンストーミング法」とは、トピックに関して書きたい内容のキーワードを思いつくまま書き出すという方法です。

例えば、"The difference between Japanese and English" というトピックを想定した場合のレポート内容は、次のようなキーワードを書き出すことができるでしょう。キーワードは、まさに書き手により異なるわけですが、これは問題ありません。書き手の独創性（originality）がそこにあるからです。

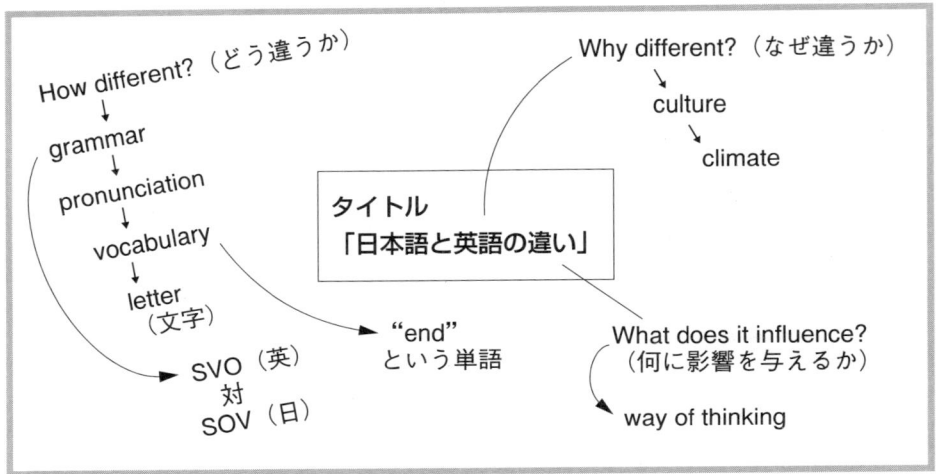

　英語でキーワードを示しましたが、英文レポートの場合であっても、実際には日本語でのキーワード列挙の方が効率的でしょう。

　次に、いよいよアウトラインを明確化する第2段階です。第2段階の「キーワードアレンジ法」とは第1段階で得られたキーワードの取捨選択と並べ変えを行うことです。これによってレポートの展開を決定します。具体的に上の例を用いて説明しましょう。

●アウトライン形成のための第2段階、キーワードアレンジ法の活用例

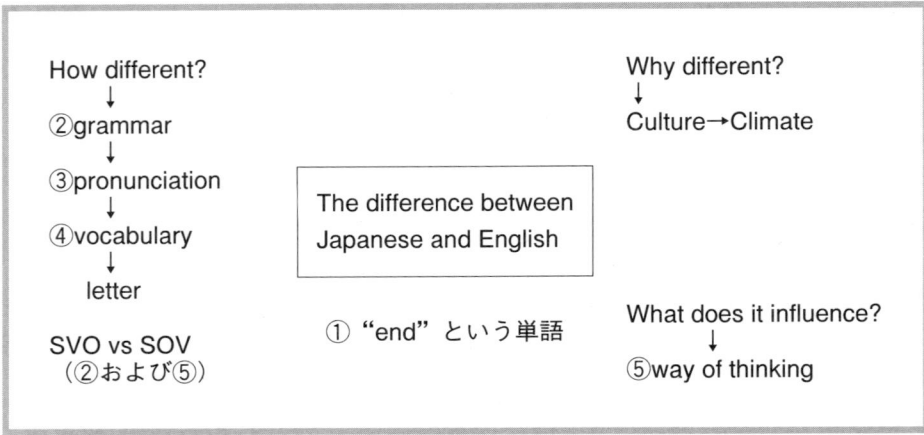

● 「キーワードアレンジ法」の解説

　「ブレーンストーミング法」で出てきた項目のうち、5つぐらいを選び出します。そして話の展開したい順に番号をつけます。

　例えば、「"end" という単語」に①がつけられていますが、これは、序章で、この話を入れる予定であるという意味です。②〜④が本章で、⑤を結論の章にするという計画がこの図表により決定されるわけです。他の項目は、切り捨てることになります。

　SVO や SOV の話は、②と⑤で触れるという意味で（　　）内に数字が示されています。自分なりの表記で、話の展開を示すとよいでしょう。

　ちなみに①の話の骨子は…

　英語の end という語は、時間的には「終わり」と空間的には「端」の意味があるのに対し、日本語の「はじめ」という語は、勿論、時間的な「始め」の意味があるが、「端占め」という語が起源で、「端」と関係があった。発想が英語と日本語では異なるのである。

---

## ここで大切なことを1つ

　レポートはただ漫然と書くのではなく、次の3部から成立させるのが基本です。

```
┌─ 1  導入部 （Introduction）
├─ 2  本論部 （Body）
└─ 3  結論部 （Conclusion）
```

そして話の展開を面白く（funny ［滑稽な］というよりも interesting ［興味深い］という意味で）する必要があります。そこで私は「起承転結法」というのを勧めています。

　本論部が「承」と「転」に当たります。簡単に説明しましょう。

```
┌─「承」の段階：　客観的な一般論（色々な情報）を取り敢えず述べる。
└─「転」の段階：　主体的な特殊論（自分のユニークな意見）を述べる。
```

---

### ■3．結論をどう導くか？

　話の展開が決定しても、結論（結局何を言いたいのか？ということ）が曖昧ではいけません。そこで結論の導き方の原則を、起承転結図（P24 の図）を用いて述べておきます。ここで大切なことは、結論の理想的な位置が、レポート

全体とそれを構成する各パラグラフでは、少し異なるという点です。図式化して説明しましょう。

## ●レポートの展開早見図

| | | | パラグラフ（例1） |
|---|---|---|---|
| 「起」の段階 | Introduction 導入部　ここでは、レポートのテーマを取り上げるに至った動機や逸話等を入れる。最後に問題提起を行う。 | | 自己の主張 → 理由「〜だ。その理由は...」 |
| 「承」の段階 | Body 第1部（情報提供部）　問題に対する一般的な情報を客観的に述べる段階 | | パラグラフ（例2）自己の主張 → 例示「〜だ。例えば...」 |
| 「転」の段階 | Body 第2部（意見展開部）　問題に対する独特の意見を主体的に述べる段階 | | パラグラフ（例3）他者の主張 → 反論「〜という。しかし...」 |
| 「結」の段階 | Conclusion 結論部　本論部で論じたことをまとめる段階で、自分の言いたいことをまとめる。 | | |

↑「起承転結法」に限らず、一般にレポート（スピーチも）は結論が最後に来るのが普通です。

↑議論の活発な転回は「転」の段階で行われるので、パラグラフはその段階のものを例に挙げています。パラグラフ例の1と2で言いたいこと（＝結論）が前に来ていることに注目しましょう。

　結論は、レポート全体では最後の方（上図では「結」の箇所）、個々のパラグラフにおいては最初の方にくる傾向があるのが分かりましたね。

　結論は最も大切な部分ですが、英文1つの中で大切な部分（結論に当たる）はどこでしょうか。それは文の後半部分なんですよ。これは日本語にもある程度当てはまります。例えば＜AはBだ＞という日本語で言いたい箇所はBの部

分です。Aは単に話題にしているのであって強調しているのではありません。
次の文を比べて下さい。

  (1)AはBだ。＝AについてはBが言える。＝AはCではなくBだ。[Bを強調]
  (2)AがBだ。＝BについてはAが言える。＝CではなくAがBだ。[Aを強調]

　日本語では、＜は＞と＜が＞が強調箇所を見分けるカギになっていますね。＜は＞の後と、＜が＞の前が言いたいことなんです。これに対し、英語は強調構文でない限り後の方が強調されます。実際に訳してみると、日本語の＜AはBだ＞型になる点が面白いですね。＜は＞の訳を入れることができる直後で分けてみましょう。強調されている箇所は、まん中の線の後ですよ。

| | |
|---:|:---|
| The hut | stands there. |
| その小屋は | そこに建っている。 |
| There stands | a hut. |
| そこに建っているのは | 小屋だ。 |
| Standing there is | a boy. |
| そこに立っているのは | 少年だ。 |
| John | loves Mary. |
| ジョンは | メアリーを愛している。 |
| Mary, | John loves. |
| メアリーは | ジョンが愛している。 |
| Ann carefully baked | cookies. |
| アンが注意して焼いたのは | クッキーだった。 |
| Ann baked cookies | carefully. |
| アンのクッキーの焼き方は | 注意深かった。 |

《まとめ》　　1．英語の文では、一般に後の方に結論が来る。
　　　　　　　2．英語のパラグラフは、一般に前の方に結論が来る。
　　　　　　　3．英語のレポートは、一般に後の方に結論が来る。

# ❷ 文法とWRITING ─論理的な文章を書くコツ

## ■1．主語と構文をどう選ぶか

　書く内容が決まり実際にある英文を書く場合、一番先に注意すべきことは、主語を何にするかということです。多くの情報は、次の4つの主語で表わすことが可能です。例えば「間違いを恐れる必要はない」を4つの主語で表わしてみましょう。

| | |
|---|---|
| ①人主語 | You need not be afraid of making mistakes. |
| ②物事主語 | Making mistakes is what you need not be afraid of. |
| ③ It 主語 | It is not necessary to be afraid of making mistakes. |
| ④ There 主語 | There is no need to be afraid of making mistakes. |

　また、文全体が重要である場合には、「導入表現」を用いて、その文を強調の位置（前ページで言えば「文の結論部分」）にもっていくといいでしょう。
　その導入表現を用いて、「それは正しい」を強調してみましょう。

(1) The point is that it is right.
　　（重要なことは、それは正しいということである。）
(2) The long and short of it is that it is right.
　　（結局のところそれは正しい。）
(3) What I really want to stress here is that it is right.
　　（私がここで本当に強調したいことは「それが正しい」ということだ。）

## ■2．時制の重要性

　英文を作成する際に、特に注意すべきは「時制」です。
1つのまとまったレポートは、導入部、本論部、結論部で用いる時制が異なる場合があります。よく用いる時制及びその他の特徴を整理してみましょう。

┌─ 導入部： will を用いた未来時制（意志未来であることが多い）
│　　　　　 wish to do ～、intend to do ～等、未来志向の不定詞構文が目立つ。
├─ 本論部：全ての時制が表われ得るが、現在形が最も多い。
│　　　　　 情報整理に役立つ be 動詞や、意見展開に重要な知覚動詞が目立つ。
└─ 結論部：現在完了時制（これまで述べたことをもう一度整理するのに必要）
　　　　　　当然、まとめの表現が目立つ（例えば in conclusion のようなもの）。

注1．導入部で「～について述べるつもりです」というのを We are going to
mention...と言わず、We will mention...と言うのが普通です。be going
to do は前から決まっている予定を暗示するからです。

注2．結論部で「～について考察しました」等とまとめるのに過去形は普通用い
られることが少ないんですよ。これまで述べたことは、これから述べる
結論に関連しているはずで、その場合は現在完了を用いるのです。現在
完了は過去と現在を結ぶ時制として重要です。

　　　　例　There was an investigation into A.　　（Aを調査した）
　　　　　　←過去の研究を暗示
　　　　　　There has been an investigation into A.　（Aを調査してきた）
　　　　　　←今回の研究を暗示

## ■3．文をつなぐ方法──順接と逆接

　情報Aと情報Bがあるとすると、その2つをつなぐ方法は順接と逆接の2種
類しかないと言えます。その場合、AとBを接続する要素は、次の表のように
分類できます。

| | 順接 | 逆接 | 世界 |
|---|---|---|---|
| 等位接続詞 | 文A，so 文B．<br>（Aだ。だからBだ） | 文A，but 文B．<br>（Aだ。しかしBだ） | 事実世界 |
| 従属接続詞 I | Because 文A，文B．<br>（AだからBだ） | Though 文A，文B．<br>（AだけれどもBだ） | |
| 接続副詞 | 文A；therefore，文B．<br>（Aだ。それゆえBだ） | 文A；however，文B．<br>（Aだ。けれどもBだ） | |

| 従属接続詞Ⅱ<br><条件節> | If 文A，文B.<br>（もしAならBだ） | Even if 文A，文B.<br>（たとえAでもBだ） | 仮想世界 |
|---|---|---|---|
| 従属接続詞Ⅱ<br><仮定法> | If 文A，文B.<br>（もしAならBなのに） | Even if 文A，文B.<br>（たとえAでもBだろう） | 反事実世界 |
| | 但し文Aは過去形、文Bは過去の助動詞を用いる | | |

　　上表で、「仮想世界」というのは、話者が If 節内の文が事実かどうか分からないということ、「反事実世界」とは，話者が If 節内の文が事実ではないことを知っているということを表わします。つまり話者は下の(1)文において、彼が大金を所持しているかどうか<u>分からない</u>のに対し、(2)文では、彼が大金を所持していないのを知っているのです。

(1) If he has a lot of money with him, I will borrow some from him. ［仮想世界文］

(2) If he had a lot of money with him, I would borrow some from him.

［反事実世界文］

　　このような接続詞や接続副詞などの接続表現の使用に関して、次のような文体的法則があります。注意して下さい。英語の上級者ほど接続詞使用は少ないですよ。その方が文章が引き締まります。

**接続表現に関する法則**
**接続法則1**　接続表現はできる限り使わない。
**接続法則2**　使用する場合は、同じ表現を連続して使わない工夫をする。

　　レポートに有効な接続表現を厳選しておきましょう。
- 「そこで」　　　　　　　then; thereupon; upon this
- 「それゆえ」　　　　　　so; accordingly
- 「さらに」　　　　　　　moreover; furthermore; what is more
- 「さらに悪いことには」　what is worse; to make matters worse
- 「これに対し」　　　　　on the other hand （もう一方では）
  　　　　　　　　　　　　by contrast （対照してみれば）
- 「ところが」　　　　　　but; however; nevertheless; and yet; on the contrary

- ・「その代わり」 instead
- ・「～にもかかわらず」 despite ～; in spite of ～
- ・「～とは違って」 unlike ～
- ・「その結果」 consequently; in consequence; as a result
- ・「ついに」 eventually; at last; in the end; in the long run
- ・「まとめると」 in short; in fine; in sum; to sum up; summing up

---

**注意すべき用法**

① on the contrary と to the contrary ［後者は名詞や動詞に後続する］

・ Have you finished it? ―On the contrary, I haven't started it yet.

（それを終えましたか。―いえ、まだ始めていません。）

・ There is evidence to the contrary. （反証があります。）

② by contrast と in contrast ［後者は with の句が後続する］

・ By contrast, the climates of Italy and Scotland are different.

（比べてみれば、イタリアとスコットランドの気候は異なっている。）

・ In contrast with this, it is bigger. （これと比べるとそれは大きい。）

---

# ❸ 文体と WRITING ─説得力のある文章を書くコツ

## ■１．修飾表現を効果的に使う

　動詞が英文の骨に当たるとしたら、名詞は肉です。動詞に主語や目的語など名詞の肉付けをして初めて文ができます。だから動詞と名詞は文の要素と言うのです。しかし、形容詞は言わば「化粧」、副詞は「服」のようなものと言えそうです。絶対必要というわけではないけれども、うまく使えば文が輝くからです。

　　・名詞と動詞：　文を文法的に正しくするのに必要。（論理的な文ができる）
　　・形容詞と副詞：文を文体的に美しくするのに必要。（効果的な文ができる）
　このように言えますね。
　形容詞や副詞をうまく使った例を挙げてみましょう。

> A quick look through the above table shows that ....
> （上記の表をさっと見ただけで....ということがわかります）
> It seems to be intuitively obvious that ....
> （直感からも....が明らかであるようです）

　上の例で下線部の形容詞や副詞がない場合はインパクトが弱いですね。英語の使い手の上級者は形容詞と副詞の使い方が上手です。

## ■２．倒置・省略・強調及び比喩の方法

　文法的に正しい（grammatically correct）だけでなく文体的に美しい（stylistically beautiful）文を書くための大原則に次の２つがあります。

> | 大原則１ | 形容詞や副詞の構文や表現を適度に使う。 |
> | 大原則２ | 同じ構文や表現をあまり使わない。 |

　大原則１は、1-3-1 で述べたことに関係しています。PP.27 〜 28 の接続原則は大原則２から派生したものですね。更に、この大原則２を満たすために、英語では「倒置、省略、強調、比喩」等の様々な仕組みがあるのです。
　具体的に、これらの手法を用いて文を美しくしてみましょう。

課題 次の文を文体的に美しくするいくつかの方法を考えてみましょう。

It is important to study English and I think it is more important to learn about its culture.

意味：英語の勉強は大切ですが、文化を学ぶことはもっと大事だと思う。

この文は、文法的には正しいのですが、あまりきれいな文と言えないですね。more が入っているとは言え、< it is important to do...の形>が繰り返されています。

● 方法1　倒置する。

It is important to study English, of course, but even more important is to learn about its culture, I think.

● 方法2　省略する。(it is や I think 等、無駄な肉［＝構文］をとる)

It is important to study English and probably more important to learn about its culture.

● 方法3　強調する。(強調構文を利用して言いたいことを先に言う)

It is the cultural backgrounds of English that are vital for us to learn, though the study of English as a language is also important.

● 方法4　比喩を用いる。(例えやイディオムをうまく使う)

① The study of cultural aspects is a kind of spice for language learning; the same can be said about English study.

② The understanding of cultural aspects is the name of the game in language study. The study of English is not an exception.

# ■3．文に体力をつける

　同じ構文や表現（＝英語の脂肪）が多く、倒置や省略など様々な仕組み（＝英語の筋肉）の少ない文はしまりがありません。文に体力を付けるためには余剰の構文や表現のダイエットが必要なのです。その努力の結果、真の意味での「文<体力>」（＝「<文体>の力」）が付くのです。

　<文体>力を付ける主な努力の方法を3つ伝授しましょう。

## ①第5文型化の法則

　従属接続詞を用いた複文（主語と動詞からなる節が2つある文）は第5文型にできる場合が多い。この第5文型の文はダイエット文の代表と言えます。

· If you take this medicine, you will feel better.

（この薬を飲めば気分はよくなるでしょう。）

ダイエット文→ This medicine will make you feel better.

· Because you took this medicine, you feel better.

（この薬を飲んだので気分がよくなっている。）

ダイエット文→ This medicine has made you feel better.

## ②前置詞句活用の法則

前置詞句を用いた表現でもすっきりした文が可能です。

· Because we took this measure, our project became practicable.

（この方策をとったのでプロジェクトは実行可能になった。）

ダイエット文→ This measure brought our project into practice.

## ③文の名詞化の法則

1つの文を名詞句にすることができ、その名詞句を主語で使う場合が多い。
英語に「物主構文」が多いのは、この法則が強力に働いているからです。

· If you consider it very carefully, you will find it unfeasible.

（もし注意深く考察すれば、それが実行不可能であると分かるだろう。）

ダイエット文→ Very careful consideration will make you find it unfeasible.

---

注目！　MAKE を用いた第5文型文は、意味の時間的つながりは主語から目的語・補語へとつらなっています。つまりSは手段や原因、O以下は目的や結果を表わします。

| S | make | O | C |
|---|---|---|---|

(1)Sという手段をとれば　｜　OがCになるという目的を達成するだろう

(2)Sという原因のために　｜　OがCになるという結果を生み出した

＊make が <will make> の形ならば(1)の意味、<made> の形ならば(2)の意味になるのが普通。

# ❹ パラグラフの展開法

## ■1. トピックセンテンスと文章の構成法

　レポートは量や内容にも影響されますが、ほぼ次のような構成になっていることが望まれます。学生のレポートや企業での報告書、提案書や企画書において特にページ数に指示がなければ、＜7±2＞の法則に従うとよいでしょう。

　最後の注や参考文献・補注（＝注で言い足りなかったことを補足して簡単に述べるもの）［1～2ページ程度］を含めて、通常、短くて5ページ長くて9ページのレポートが望ましいでしょう。もちろん参考資料（図やグラフ、その他の補足文献）は、情況により、かなりの量の可能性があるので、そのページ数はこれには含まれません。また、表紙もこれには含まれません。全体の構成は次のようになるでしょう。

① Introduction　＜序論＞ ……………［起］
② Body ＜本論＞ ── Stage I　［承］─── 5ページ ─┐
　　　　　　　　　 └─ Stage II　［転］　　　　　　　├─ 7ページ
③ Conclusion　＜結論＞ ……………［結］　　　　　 │
④ Note（注）　　　　　　　　　 ─┐　　　　　　　　 │
⑤ Reference　（参考文献） ────┼── 2ページ ──┘
⑥ Additional Note（補注）　　　　│
⑦ Appendix（参考資料）　　　　 ─┘

　上記で、①②③は義務的で、⑤は半義務的に必要でしょう。④は絶対必要ということはありません。但し、学術論文の場合は通例必要な場合が多いでしょう。⑦は必要に応じてつけて下さい。⑥はレポートをほぼ完成してしまった後で、言いたいことが残ってしまった場合に限り追加して下さい。手紙の追伸にあたります。

　さて、①～③と⑥は、パラグラフで構成されています。多くのパラグラフは、そのトピックセンテンス（＝最重要の文）が最初に来るので、一般式は次の通りです。

> １つのパラグラフ＝トピックセンテンスを含む導入部＋それを受ける支持部

## ■２．サポートの方法

　パラグラフは導入部とそれを受ける支持部（サポート）からなっています。この導入部と支持部の関係に次の７つがあります。(a)〜(e)では、導入部にトピックセンテンスが現れるのに対し、(f)と(g)では支持部にトピックセンテンスがあるのが普通です。

| 部 | (a)理由型 | (b)原因型 | (c)手段型 | (d)説明型 | (e)例示型 | (f)対比型 | (g)発展型 |
|---|---|---|---|---|---|---|---|
| 導入部 | 意見 | 結果 | 目的 | 陳述 | 陳述 | 陳述 | 一般論 |
| 支持部 | その理由 | その原因 | その手段 | その説明 | その例示 | 対比陳述 | 特殊論 |

　導入部では(a)は主体的意見であるのに対し、(b)と(c)は客観的情報です。また、(d)〜(g)は意見の場合も情報の場合もあります。

　例えば、前ページの②の Stage Ⅱ（転）の箇所で、自分の意見を述べる場合、３つ程の理由を簡単に述べる場合は(a)型のパラグラフ１つで OK ですが、その理由を詳しく説明する場合は、１つのパラグラフに収めることを避けて、(d)型のパラグラフを３つ作るべきでしょう。

　これら(a)〜(g)のパラグラフの大きさの目安も＜７±２＞の法則が当てはまります。大体、レポートの場合、平均的には１パラグラフ５〜９行が望ましいでしょう。エッセイや小説等は短いパラグラフにして読みやすくするという工夫がなされていることが多いのですが、レポートはあまりパラグラフが短いとかえって、主張が分かりにくくなるので、７行前後というのを目安にするとよいでしょう。

> レポートにおける１パラグラフの理想的な行数＝７±２行

(f)と(g)については説明が必要でしょう。

[(f)の例]　　導入部にある人の意見を挙げて、それを受ける支持部で反論を行うとか、導入部である事象の過去の状態を挙げて、それを受ける支持部でその現在について述べるなど、パラグラフが対比的に構成されるものを言う。

[(g)の例]　　導入部で一般的な法則を述べて、支持部で具体的にそれを活用した事例を述べるとか、導入部で一般的な事象を述べて、支持部で

具体的な質問を行うなど、パラグラフ内で一般論から特殊論へ発展するものを言う。

この(f)と(g)の具体例を挙げておきましょう。

### [(f)の具体的な英文例]

Business plans for developing new businesses in the past provided detailed information on operations and distribution, and included specific financial projections. Today's business plans are more general, furnishing only an overview of the problem that the company's service or product can solve.

訳　過去における新企業開発の事業計画は、運営及び流通に関する詳しい情報を提供し、具体的な財政計画をも含んでいた。今日の事業計画は、会社のサービスや生産物が解決できる問題の概要のみを示しており、以前に比べてもっと大まかなものとなっている。(←過去と現在における事業計画を対比させている)

### [(g)の具体的な英文例]

A number of web sites allow job seekers to post resumes.　Our department is performing a study on employment opportunities available on the Internet, and would appreciate if you could advise us of any positive or negative experiences you might have encountered by using these sites.

訳　求職者による履歴書の電送が可能なホームページがいくつかあります。我々の部署はインターネットで配信される求人に関する研究を推進しておりますが、もし、これらのサイトを利用された貴社の体験につきまして、良かった面や悪かった面などをどんなことでもお知らせいただければ幸いに存じます。(←一般論に触れた後、具体的なお願いをしている)

## ■３．文章の省力化を図る

文章を書く際、気をつけないといけないことは、簡潔な文章を書くことです。そのためには、次の２点が大切です。これにより、文章を読むエネルギーが節約できます。

その1　内容に気をつける。同じことを繰り返さないとか、興味がないと思われることを書き過ぎないとか、色々考えられます。

その2　形式に気をつける。全体に章や節を構成し、また、同じ節の中でも段落分けを行うことが大切です。

特にその2の章立ては重要です。章立ては、次のような方法で行うのが普通です。

① 1.　　　　　　　　：章を示す ─────┐ レポートではこの章区分

② 1. 1.　　　　　　 ：章と節を示す ──┘ で十分でしょう。

③　1. 1. 1.　　　　：章と節と項を示す

④　　1. 1. 1. 1.　　これほど細かくするのは長い論文でレポートでは必要ないでしょう。

①と②にはタイトルを付けるのが普通です。

タイトルを付けた具体例を挙げてみましょう。

… **The Difference between English and Japanese** というタイトルの場合…

| 0. | Introduction | 序章 |
|---|---|---|
| 1. | Differences in Grammar | 文法上の違い |
| 1. 1. | Subject and Verb | 主語と動詞 |
| 1. 2. | Whether Numbers Are Vital or Not | 数が重要かどうか |
| 1. 3. | Result-oriented VS Process-oriented | 結果重視か過程重視か |
| 2. | Differences in Pronunciation | 発音上の違い |
| 2. 1. | Vowels | 母音について |
| 2. 2. | Consonants | 子音について |
| 2. 3. | Accentuation | アクセントについて |
| : | | : |

注　上の日本語は英文見出しの訳です。「序章」の英語は Introduction でよいでしょう。一般の書物の場合は、「はしがき」や「まえがき」がありますが、これは Preface と言います。また、Foreword というのもありますが、これは通例、著者以外の人の序文のことです。レポートにおいては、Preface や Foreword は不要でしょう。

# ❺ レポート完成への秘訣

## ■1．英文文書の体裁
　レポートの善し悪しは次の2条件で決まるんでしたね。（1-4-3P.36 参照）

| | | |
|---|---|---|
| その1 | 内容面： | 内容が正しく、分かりやすいものになっているか？ |
| その2 | 形式面： | 形式が正しく、見やすいものになっているか？ |

　特に、形式面を充実させるための2つの考え方を示しましょう。

| | |
|---|---|
| 「7」の法則性： | 全体は7ページ前後、1つのパラグラフは7行が適当。 |
| 「3」の思考法： | 3つの章、3つの節、理由は3つ、例示は3つが適当。 |

### ＜「7」の法則性＞

　「7」の法則性については、1-4-1（レポート7ページを提案）と1-4-2（パラグラフ7行を推奨）で、＜7±2の法則＞として触れました（PP.33 ～ 34）。この法則により、次のようなことまで言えるのではないかと思います。

①英語の単語は平均的に7文字前後から成り立っている。7文字より少ない場合は基本語で、7文字より多い場合は専門語である確率が高い。例えば English, grammar, meaning 等は7文字ですね。

②英語の文は7単語前後で作るとすっきりする。特に、レポート作成中に<u>情報や意見を交通整理する文としては、7単語前後が最適</u>です。

> 例　What I want to say is this. （私の言いたいことはこのことです。）
> We will show what it really means. （その真の意味を示しましょう。）
> Now let us see how it works. （それではどう機能するか見ましょう。）
> But we have a completely different idea. （我々は全く違う意見です。）
> As shown above, the situation has changed.
> （上記で示したように、状況は変化しています。）

### ＜「3」の思考法＞

　章構成については、この発想が有効だと思います。レポートもスピーチと同じく、序章・本章・終章の3章から成っているべきですね。本章は3つのチャプターから成り、それぞれのチャプターは少なくとも3つのパラグラフから成

り、それぞれのパラグラフは少なくとも3つの文から成っているべきでしょう。

　また、ある1つの主張や陳述に対して、その理由や例示を与える場合は3つが適当でしょう。1つでは少ない感じがし、4つ以上は多い感じがしてしまいます。4つは多くないと思う人でも、3つの方が印象に残りやすいと言えるでしょう。だから、思考方法に三段論法があり、地理で日本三景、宗教でも三位一体など、3でくくる発想があちこちにありますね。

　前ページで述べた「7」の法則性との関連で言うと、3つは印象に残る最適の数で、7つは印象に残すギリギリの数ということです。例えば、1日に単語を覚えるとしたら、3つが最適でしょう。これを1年間続けると1000語以上になり、例えば、大学生が4年間、自分の知らない単語を例文も含めて覚えていけば、4000語となりかなりのレベルまで英語力を向上させることができるんですよ。

　単語学習計画をもう少し厳しくするなら1日7語でしょう。4年間の学習で約1万語がインプットされることになり、かなりの英語力になっているでしょう。（忘れるということを無視しているようですが、正確に言えば、覚えた単語を忘れているのではなくて思い出せないだけで、試験等緊迫した状況で思い出すことがあるのですよ。脳にはきっちりインプットされているのです！）

### ■2．句読点などの具体的用法と注意事項

　レポートが完成した後で、注意すべき点があります。

---

注意点1　もう1度読み直す。
　　　　①綴りや文法の間違いがないかチェックする。
　　　　②内容的な誤りがないかチェックする。
注意点2　書き忘れたことがないかチェックする。
注意点3　表紙を作成する。
　　　　規定の用紙があればそれを利用し、なければ、タイトル、名前、
　　　　所属、提出日を明記した表紙を付ける。

---

　さて、特に注意点1の①で、見落とされがちなのが句読点（Punctuation）の見直しです。例えば、コンマ1つの使い方で意味が大きく異なる場合があるので注意すべきでしょう。コンマのあるなしで、意味が大違いである例を挙げておきましょう。

(1) a. He did not die happily. （彼は幸せには死ななかった。）

　　b. He did not die, happily. （彼は幸せにも死ななかった。）

　　注 (1)a は not が die happily を修飾し、そして happily は die を修飾しているのに対し、(1)b は happily が not die を修飾しています。

> 法則①：　副詞的表現がコンマなしに続いている場合は直前を修飾するのに対し、コンマの後に続いている場合はもっと前を、または、もっと広い範囲を修飾する。

(2) a. She saw a man eating tiger. （彼女は男がトラを食べているのを見た。）

　　b. She saw a man, eating tiger. （彼女はトラを食べながらある男を見た。）

　　注 (2)a は eating tiger が補語となっているのに対し、(2)b は eating tiger が saw a man を修飾しています。また、(2)a は、eating tiger が a man を修飾するような意味（＝トラを食べている男）になる場合もあります。もし、a man と eating の間にハイフンがあれば、「彼女は人食いトラを見た」という最も普通の文になりますね。

> 法則②：　コンマは表現を引き離しているのに対して、ハイフンは表現をくっつける。コンマは副詞に文全体を修飾させるが、ハイフンは複合名詞や複合形容詞を作る。

(3) a. There were few projects which were successful.

　　（成功したプロジェクトが殆どなかった。）

　　b. There were few projects, which were successful.

　　（プロジェクト自体は殆どなかったが、それらは皆成功した。）

　　注 コンマ＋ which は "and they" の意味です。言い方を変えると、コンマなしの which は projects を修飾しており、コンマありの which は few projects を修飾しています。

## ■3．注・引用・参考文献について

### ●文章の展開は川の流れに似ている───注の意味

　豊かな自然の中をきれいな川が流れているとします。川の中にはいろんな魚が泳いでいます。中には人間が知らない不思議な魚もいます。その魚のことをよく調べてみようと川の中へ入っていけば、川の流れが妨げられます。

川の流れは文章の展開、魚は言葉、不思議な魚は難しい言葉、その魚を調べる行為は、その文章の中でその難しい言葉を解説することと言えます。文章の中で言葉を解説すると流れが妨げられてしまいます。それを解消するために、注があるのです。注には、ページの下につける脚注（footnote）と章末につける通常の注があります。

　注をつけることは、先の例で言えば、魚を図鑑で調べるようなことに相当します。川の流れに逆らうことはありません。つまり、文章がきれいに流れるのです。

　注釈したい単語や文の右肩に小さく番号を振ります。それほど長くないレポートであれば、章末にその番号を示して、注釈の文章を続けるのがよいでしょう。

● **主張は BECAUSE と SINCE で支えられる──引用の意味**

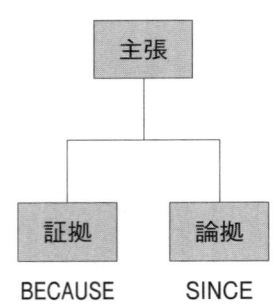

　ある主張をする場合、証拠と論拠でそれをサポートすることが望まれます。証拠とは、その主張を支える統計データや科学者の見解等で、論拠とは、その統計データが信頼できることやその科学者がその道の権威であることです。

　論拠には、ほとんどの人が常識と思うことや良心（例えば殺人はいけない等）も含まれます。

　聞き手や読み手が初めて知る新しい情報はBECAUSE で示し、彼らが始めから知っている古い情報は SINCE で表わすことができます。

　証拠は聞き手や読み手が初めて知る情報であることが多いので、BECAUSEで示されるのに対し、論拠は彼らがあらかじめ知っている情報であるのが普通なので SINCE で表現できます。

　証拠と論拠で主張するのが論理的には理想的なので、例えば、次のページのような言い方が最も論理的な文です。しかし実際のコミュニケーションでは、文を構成するのに論理的な文が、必ずしも、文が伝わるのに効果的な文であるとは言えません。現実には、BECAUSE と SINCE を両方使わないで証拠と論拠を示すことが多いんですよ。

［論理文］We insist on it because Mr.A said it is important, since he is an authority on it.

（＝A氏が重要と言ったから我々はそう主張する。彼はその権威だから。）

［効果文］We insist on it because Mr.A, the authority on it, said it is important.

　レポートの「引用」は証拠としての機能を果たす重要なものです。ある主張が自分だけのものではなく、権威者の意見でもあれば、主張の効果が高まりますね。

　会話を引用する場合、2つの方法と2つの時制があります。

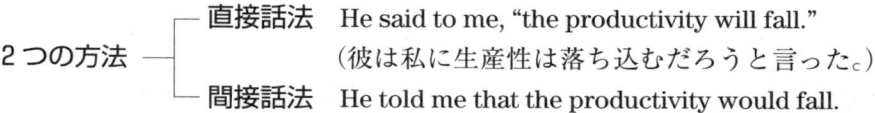

２つの方法 ┬ 直接話法　He said to me, "the productivity will fall."
　　　　　　│　　　　　　（彼は私に生産性は落ち込むだろうと言った。）
　　　　　　└ 間接話法　He told me that the productivity would fall.

２つの時制 ┬ 現在形　　He says to us, "such theories do not work."
　　　　　　│　　　　　　（彼は我々にそんな理論は機能しないと言う／言った。）
　　　　　　└ 過去形　　He said to us, "such theories do not work."

　レポートの書き手がその会話内容を支持している場合は、間接話法を用いて現在形で書くのが普通です。

　文章を引用する場合、次の3つの方法があります。

　①文章の中に取り込む──── 1〜2行の引用の場合

　　According to A（1992）や A（1992）insists that...等の表現を使う。

　②引用を固まりとして文章から独立させる──── 2行以上の場合

## 本文

The Victorian era was the heyday of the cognate anagram---transposing the letters of a common word or phrase to form another word or phrase with some relevance to the original---turning ASTRONOMER into MOON

STARER, for example. （Michael Curl, 12）

　→訳：ビクトリア時代は意味のある綴り変えの全盛期だった。周知の語
　句を関連のある別の語句に置き換える、例えば「天文学者」を「月を眺め
　る人」にするようなことが流行ったのである。

③引用を脚注または章末の注に入れる―――本文の流れを妨げると思われる
　場合

注 ①の場合は著者名の後に、その引用文献の発行年を（　　）内に示し、
　②や③の場合は、引用文の後に著者名とその引用文献のページ数を示す。
　引用文献の詳しい情報は、レポート最後の参考文献（または引用文献と
　して独立させてもよい）のところで示すとよい。


◆参考文献の示し方

　①書籍の場合：　著者名、発行年、書名、出版地、出版社の順。
　②論文の場合：　著者名、発行年、論文題名、雑誌名、号数、掲載ページ
　　　　　　　　　の順。
　③インターネットからの情報の場合：　著者名、論文等の題名、検索日、
　　　　　　　　　　　　　　　　　　　ホームページアドレスの順。

具体例

　①Chomsky, N.（1965）*Aspects of the Theory of Syntax*. Cambridge, MA :
　MIT Press.
　②Ishii, T.（1993）"On the Occurrence and Movement of Style Disjuncts,"
　*TLF* 6, 97-115.
　③Johnson, M. "A Study of the Effects of Color on Mind" Online. Internet.12
　March, 2001. Available//www.XYZ.com

注 ⑴書名はイタリック、または下線を引く。論文は引用符で囲む。
　⑵ページの示し方は＜最初のページ＋ハイフン＋最後のページ＞。②の
　　例では、97 から 115 ページということ。

# ❻ 効果的なビジネスレポートを書くための文章構成

## ■１．日本人的なビジネスレポートを見直す

### ● 日本人英語のここが悪い

　日本人の書く英語に対して向けられる苦情のひとつに、<u>「結局何を書いているのかわからない」</u>とか<u>「もっと効果的に書いてほしい」</u>あるいは、<u>「最後まで読まないと書き手の意図が伝わってこない」</u>などの批判が向けられることが多いようです。

### ● 文法を越えたところに問題がある

　<u>これは英文そのものが文法的に拙い文であるというよりは、文章全体の構成方法に問題があるためと思われます。</u>現に日本人ライターたちは英語そのものに関しては驚くほど細かなところまで熟知していてしばしば英語の Native Speaker たちを驚かせることもあります。しかし何かが足りないのです。

　ここでは日本人ライターたちの書く英語が具体的にどこに問題があるのかを取り上げ、特に英文構成面から効果的な Technical Writing の工夫を述べることにします。

---

日本人ライターの陥りやすい欠点は次の２点です。
①文章伝達の目的が明示されていない。
②表題のつけ方が曖昧。

---

Writer が自分の書く文章の目的を明示しなければ次のようなことが起こります。
①　読み手は書かれた文章の内容が最後までわからない。
②　書き手は途中で何を書いているのか分からなくなる。

---

　次に実際に典型的悪文を示し、それを訂正する形で実例を通じて学んでいただきます。

<  Bad sample  >

| To | The Head of the First Department of Surgery |
|---|---|
| From | John O'Brien, an X-ray technician of the First Department of Surgery |
| Subject: | Specimens of intestines in spirit |
| Date: | January 12, 2000 |

Because the intestine X-ray pictures we take to examine patients' intestines prior to surgery are blurred and prevent our accurate diagnoses, we often have difficulty in reading niches to decide whether polyps are malignant or benign.

X-ray technicians have to improve their photo-analysis skill to make diagnoses accurate. But because of the reason mentioned above, we can not depend on photos as material for improving our skill.

Specimens of intestines in spirit may be of great help if we are allowed to use them as material to improve X-ray picture analysis skill.

## ＜悪い例＞の翻訳

| 宛先 | 第1外科部長 |
|---|---|
| 差出人 | 第1外科部　レントゲン技師　ジョン・オブライアン |
| 用件 | 腸のアルコール標本 |
| 年月日 | 2000年1月12日 |

　以前、患者の診察のために撮った腸のレントゲン写真は、ぼやけていて正確な診断ができないので、我々はポリープが悪性なのか良性なのかということの適切な判断を下すことに、しばしば困難を感じています。

　レントゲン医師は、正確に診断するための写真分析技術を向上させるべきです。しかし上記の理由のため、我々は自分たちの技術を磨くための資料として、写真を信用することができません。

44

　もし、我々が腸のアルコール標本をレントゲン写真分析向上のための資料として使用することを許されるなら、腸のアルコール標本は大きな助けとなることでしょう。

## 解説
### ●問題点はここだ

　上記の文例においては、**最後まで読めばなんとなく用件らしきものが出てくるのだが、結局何を求めているのかは最後まではっきりしません。**おそらくは第1外科部長に対して「腸の標本を貸してもらいたい」のでしょう。そこで「標本を貸してほしい」ことをはっきりと伝達の目的に据えてこの文章をrewrite してみましょう。**また表題がこのままでは具体性を欠くことになります。**読み手に対して無駄な時間をとらせたり初めから誤った印象を与えることになりかねません。

### ●ここがポイント

　その前に文書の基本構成を次のように設定すると文章が書きやすいことを知っていただきます。①伝達の目的　②解決すべき問題点　③問題点の背景 ④推奨できる解決策、これらの要素が述べられた文でなければ文書の読み手は混乱を起こします。

　それでは先ほどの文を訂正してみます。表題にも工夫を加えてみることにしましょう。

## ■2．効果的なビジネスレポートにする工夫

< Revised sample >

| | |
|---|---|
| To | The Head of the First Department of Surgery |
| From | John O'Brien, an X-ray technician of the First Department of Surgery |
| Subject: | Asking permission to use specimens of intestines in spirit |
| Date: | January 12, 2000 |

（伝達の目的）

　The purpose of this report is to ask your permission for us to use intestine specimens in spirit.

（解決すべき問題点）

　We need to be able to diagnose and decide more accurately whether patients' polyps are benign or malignant.  For that purpose we have to improve our X-ray picture analysis skill.

（問題の背景）

　However, because the X-ray pictures of patients' intestines are often blurred, niches are not easy to examine. And so X-ray pictures cannot be used as material to improve our X-ray picture analysis skill.

（推奨できる解決策）

　So we conclude that intestine specimens in spirit are the best substitute for X-ray pictures.


＜改訂例＞の翻訳


| 宛先 | 第1外科部長 |
| 差出人 | 第1外科部　レントゲン技師　ジョン・オブライアン |
| 用件 | 腸のアルコール標本の使用許可願 |
| 年月日 | 2000年1月12日 |


（伝達の目的）

　このレポートの目的は、我々の腸のアルコール標本の使用許可をお願いすることです。

（解決すべき問題点）

　我々は、患者のポリープが良性なのか悪性なのかということをより正確に診断し、決定する能力が必要です。そのためには我々は、レントゲン写真分析技術を向上させなければなりません。

（問題の背景）

　しかしながら、患者の腸のレントゲン写真がしばしばぼやけているため、適切な診察を行うことができません。だから、それを我々のレントゲン写真分析

技術向上のための資料として用いることができません。
（推奨できる解決策）
　そこで我々は、腸のアルコール標本がレントゲン写真の代用品として最適である、という結論に達しました。


（解説）
● どこがよくなったのか
　最初に（伝達の目的）を述べることで読み手は時間の節約ができます。場合によってはこの部分だけ読めばよいかもしれません。また（解決すべき問題点）が続けて述べられているので、何が問題なのかがよくわかります。さらに（問題の背景）が述べられていて、これにより文書に説得性が増すことになります。最後に（推奨できる解決策）が述べられているので、読み手としては「なぜこのような要求をしてきたのか」にすぐに結び付けて考えることができます。


● これが大切
　大切なことはどんな文書にも必ず「目的を明示し、問題点とその背景、解決策を添えて文章を構成すること」です。そうすれば読み手に対して最後まで読まなくても決断を求めることができたり、時間の節約を提供できたりするのです。


● 表題にも工夫
　また表題も、Specimens of intestines in spirit から、より具体的に本文の内容を反映する、Asking permission to use specimens of intestines in spirit へと具体的な表現に書き換えることにより表題を読むだけで本文の内容がほぼ把握できるようになりました。


■３．ビジネスレポート５つのチェックポイント
　これまで述べてきたことを整理しましょう。
　効果的なビジネスレポートを書く場合に次の５つのチェックポイントがあります。


　①表題が分かりやすいこと

②問題の背景が理解できること
③問題点が簡潔に述べられていること
④レポートの目的がはっきりしていること
⑤推奨される解決策が述べられていること

これらを踏まえた代表的な short informal report の導入部分を紹介しましょう。

Wilkinson Software Laboratories, Inc.

Lincoln River Side, NJ 0120

| | |
|---|---|
| To: | Dr. J.B. Book |
| | Chief of the First Sales Department |
| From: | Catherine Douglas |
| | Mechanical System Engineer |
| Subject: | Vacuum Pump Experiment: Reducing Delays |
| Date: | February 5, 1999 |

(Foreword)

In your previous letter of January 12, 1999, you expressed concern about the numerous customer complaints concerning the amount of time our product, Vacuum Pump Type A, needs to pump air out of the vacuum cleaner. Our team has found that this delay can be attributed to the size of a gate valve for Vacuum Pump Type A. This report recommends a solution for reducing the time delay.

(Summary)

The replacement of the presently-used type gate valve with a newly developed one was found to be the optimal solution to the time delay problem in our experiment. Replacement of the gate valve in question means almost total recall of Vacuum Pump Type A. Each replacement costs $600. The replacement means 30% to 40% reduction in time delay. We are not sure this satisfies all the customers, because their expectation differs from customer to customer.

(Details)
以下略

## レポートのポイント解説

① Subject: Vacuum Pump Experiment: Reducing Delays →表題が具体的でわかりやすいです。特に、Reducing Delays と書かれているのですでにこの時点で問題点の把握ができます。

② complaints concerning the amount of time our product, Vacuum Pump Type A, needs to pump air out of the vacuum cleaner.→問題の背景が理解できます。

③ this delay can be attributed to the size of a gate valve for Vacuum Pump Type A.→問題点が簡潔に述べられています。

④ This report recommends a solution →伝達の目的がはっきりします。

⑤ The replacement of the presently-used type gate valve with a newly developed one was found to be the optimal solution →推奨される解決策も述べられています。

**翻訳**

　　　　　(株)　ウィルソン・ソフトウェア・ラボラトリー
　　　　　　リンカーン・リバー・サイド，NJ0120

| | |
|---|---|
| 宛先 | J．B．ブック博士 |
| | 第1販売部長 |
| 差出人 | キャサリン・ダグラス |
| | メカニカル　システム　エンジニア |
| 用件 | 真空ポンプの実験：遅れの軽減 |
| 年月日 | 1999年2月5日 |

## （序文）

　以前1999年1月12日の手紙で、「我々の製品、Aタイプの真空ポンプが掃除機から空気を送り出すのに必要な時間について、大変多くのお客様から苦情を頂いている」との旨述べられました。当社の調査により、この種の遅れの原因は、Aタイプの真空ポンプのゲートバルブの大きさにあるという可能性が判明しました。このレポートで、懸案事項となっている時間の遅れを減じるための解決法をお伝えいたします。

## （大意）

　「現在使われているタイプのゲートバルブを、新しく開発されたものに取替えることが、最適の解決法である」ということが、我々の実験において判明しました。問題のゲートバルブの取替えを行えば、Aタイプの真空ポンプの、ほとんど全不良商品を回収することになります。取替えには、各々600ドルかかります。取替えを行うことにより、時間の遅れは30％から40％、減じられます。お客様のご要望は各人異なるので、この取替えにより全てのお客様がご満足されるかどうかは、保証の限りではありません。

## （詳細）

以下略

# 第 2 章

## レポートの展開に
## 応じた技法別
## 英語表現

The Golden Rule
for Brush up your writing while adding variety to your expressions!
Perfect Writing

# ① 書き出しの技法

## 1.「はじめに」での表現

❶このレポートでは・・・を報告する。

　このレポートでは、新薬の開発過程を報告する。

.................................................................

❷このレポートで、・・・を探求したい。

　このレポートで、アメリカにおける現在の経済動向を探求したい。

.................................................................

❸このレポートで、・・・を強調したい。

　このレポートでこのビジネスで生き残るために我々にとって研究開発が欠くべからざる存在であるという事実を強調したい。

.................................................................

❹はじめに、・・・を尋ねることから始めたい。

　はじめに、プロジェクトが計画通り進行しているか否かを尋ねることから始めたい。

.................................................................

❺現代の情報化社会では・・・。

　現代の情報化社会では、情報源への容易なアクセスは死活問題である。

.................................................................

❻異文化コミュニケーションの時代である現代、・・・。

　異文化コミュニケーションの時代である現代、我々は文化的差異に対して寛容であらねばならない。

.................................................................

❼・・・に関する研究が増えてきている。

　化学物質の我々の健康への影響に関する研究が増えてきている。

.................................................................

## Useful Expression ——————————— 組合せ応用自在

**❶ This paper reports on ….**

This paper reports on the development process of new medicine.

⋯⋯⋯⋯⋯⋯⋯⋯⋯⋯⋯⋯⋯⋯⋯⋯⋯⋯⋯⋯⋯⋯⋯⋯⋯⋯⋯⋯⋯⋯⋯⋯⋯⋯⋯⋯⋯

**❷ In this paper, I would like to explore ….**

In this paper, I would like to explore the current economic trends in America.

⋯⋯⋯⋯⋯⋯⋯⋯⋯⋯⋯⋯⋯⋯⋯⋯⋯⋯⋯⋯⋯⋯⋯⋯⋯⋯⋯⋯⋯⋯⋯⋯⋯⋯⋯⋯⋯

**❸ In this paper I wish to reinforce ….**

In this paper I wish to reinforce the fact that R & D is essential for us to survive in this business.

⋯⋯⋯⋯⋯⋯⋯⋯⋯⋯⋯⋯⋯⋯⋯⋯⋯⋯⋯⋯⋯⋯⋯⋯⋯⋯⋯⋯⋯⋯⋯⋯⋯⋯⋯⋯⋯

**❹ In the very beginning we would like to ask ….**

In the very beginning we would like to ask whether or not the project is going on as planned.

⋯⋯⋯⋯⋯⋯⋯⋯⋯⋯⋯⋯⋯⋯⋯⋯⋯⋯⋯⋯⋯⋯⋯⋯⋯⋯⋯⋯⋯⋯⋯⋯⋯⋯⋯⋯⋯

**❺ In this information society,….**

In this information society, easy access to information sources is a matter of survival.

⋯⋯⋯⋯⋯⋯⋯⋯⋯⋯⋯⋯⋯⋯⋯⋯⋯⋯⋯⋯⋯⋯⋯⋯⋯⋯⋯⋯⋯⋯⋯⋯⋯⋯⋯⋯⋯

**❻ In this age of intercultural communication ….**

In this age of intercultural communication we have to be tolerant toward cultural differences.

⋯⋯⋯⋯⋯⋯⋯⋯⋯⋯⋯⋯⋯⋯⋯⋯⋯⋯⋯⋯⋯⋯⋯⋯⋯⋯⋯⋯⋯⋯⋯⋯⋯⋯⋯⋯⋯

**❼ There has been an increase in the number of studies on ….**

There has been an increase in the number of studies on the effect of chemical substances on our health.

⋯⋯⋯⋯⋯⋯⋯⋯⋯⋯⋯⋯⋯⋯⋯⋯⋯⋯⋯⋯⋯⋯⋯⋯⋯⋯⋯⋯⋯⋯⋯⋯⋯⋯⋯⋯⋯

❽よく指摘されるように、・・・。

よく指摘されるように、為替相場を操作するだけでは、この国の貿易実績を改善するのに十分でない。

❾しばしば熱っぽく議論されることであるが、・・・。

しばしば熱っぽく議論されることであるが、湾岸地域における第2の危機が石油供給に重大な影響を持つという決定的な証拠はない。

❿現代社会における議論の余地のある事柄のうちの1つに・・・がある。

現代社会における議論の余地のある事柄のうちの1つに、地球温暖化の緩和を助けるために我々は何をなすべきか、ということがある。

⓫最近噂されている事象のうち、最も興味深いものは・・・。

最近噂されている事象のうち、最も興味深いものは、いつ人口知能が人間の知性を超えるかということである。

## 2．序章を締め括る前のしゃれた表現

❶明快さと簡潔さを目指すためには・・・。

明快さと簡潔さを目指すためには、このレポートは幾分簡略化する必要があると思われる。

❷・・・という問題に答える前に

どのようにITビジネスが進展していくのかという問題に答える前に、我々はITが生活にどのように影響を与えるかについて正確に理解している必要がある。

**❽ As is often pointed out,….**

As is often pointed out, manipulating exchange rate alone is not enough to improve the trade performance of this nation.

**❾ As is often heatedly discussed,….**

As is often heatedly discussed, there is no decisive evidence on whether or not another crisis in the Gulf region would have a significant impact on oil supply.

**❿ One of the controversial issues of today's society is ….**

One of the controversial issues of today's society is what we should do to help curb global warming.

**⓫ One of the most interesting things people often talk about these days is ….**

One of the most interesting things people often talk about these days is when artificial intelligence will surpass human intelligence.

**❶ In order to achieve the goals of clarity and conciseness ….**

In order to achieve the goals of clarity and conciseness, it is necessary for this essay to be somewhat streamlined.

**❷ Before we can begin to answer the question of …**

Before we can begin to answer the question of how the IT business is progressing, we must have some notion of exactly how IT influences our life.

## ３．考え方の多様性を述べて始める方法

❶ ・・・に関しては意見が対立している。

この長い景気後退の本当の原因は何かということに関しては、意見が対立している。

❷ ・・・に関しては逸話が多い（いろいろと言われている）。

いかにしてプロジェクトＸが崩壊を免れたのかに関しては逸話が多い。

❸ これに関する私の見解は２つの点で批判されるかもしれない。

　　第１点は・・・。

　　もう１点は・・・。

これに関する私の見解は２つの点で批判されるかもしれない。

第１点はその実用性で、

もう１点はその有効性である。

## ４．研究者の努力に触れて議論を始める方法

❶ Ａ教授は大変な努力の結果、・・・を示すに至っている。

Ａ教授は大変な努力の結果、二酸化炭素と地球温暖化の間の密接な関係を示すに至っている。

❷ ・・・を解明するのにこれまで数多くの試みがなされてきた。

その問題の周辺のあいまい性を解明するのにこれまで数多くの試みがなされてきた。

❸ ・・・を明らかにしようと懸命の努力をしてきた人は多い。

我々の社会的変化を特徴付ける３大社会傾向を明らかにしようと懸命の努力をしてきた人は多い。

## ５．まず概略を述べる方法

❶ 最初に、問題の分野の概略を述べたい。

**❶ There are conflicting views about ….**

There are conflicting views about what is the real cause of this long recession.

**❷ There are many anecdotes about ….**

There are many anecdotes about how Project X stopped short of breaking up in pieces.

**❸ My view on this may be criticized on two accounts.**
**The first is...**
**The other is...**

My view on this may be criticized on two accounts.

The first is the practicality.

The other is the effectiveness.

**❶ Prof. A goes to great pains to show ….**

Prof. A goes to great pains to show that there is a close relationship between $CO_2$ and global warming.

**❷ Innumerable attempts have been made so far to clarify ….**

Innumerable attempts have been made so far to clarify the ambiguity surrounding the issue.

**❸ Many people have been making every effort possible to illuminate ….**

Many people have been making every effort possible to illuminate three big social trends underlying our social changes.

**❶ First of all, we outline problem areas.**

❷我々が論じるべき点の概略を述べておく。

❸まず、その概略の説明から始めよう。

## 6．研究の目的を述べる方法

❶本研究の目的は・・・を調査することである。

本研究の目的はこの国で蔓延している新しいエイズの症例を調査することである。

❷この予備研究の目的は・・・を探求することである。

この予備研究の目的はAタイプの製品がBタイプの製品より優れていることを探求することである。

❸この研究の目的は次の通りである。

この研究の目的は次の通りである。

1．人びとに食習慣が健康に大きく関わるということを自覚させること。

2．その問題について人々が抱く典型的な誤った信念を取り去ること。

❹本研究は・・・の包括的分析をめざす。

本研究は会社における作業能率への喫煙の影響の包括的分析をめざす。

---

レポートに有効な表現「始めに」と「最後に」

「始めに」　in the beginning ; at the start ; at the very outset

「最後に」　lastly ; in conclusion ;［結局］eventually ; in fine ; in the end ; in the long run

❷ **Let us give an outline of the points for us to discuss.**

............................................................................................

❸ **We will begin with a brief synopsis of it.**

............................................................................................

❶ **The purpose of the present study is to investigate ….**

The purpose of the present study is to investigate the new AIDS cases spreading in the country.

............................................................................................

❷ **The purpose of this preliminary study is to explore ….**

The purpose of this preliminary study is to explore Product A's superiority to Product B.

............................................................................................

❸ **The objectives of this research are:**

The objectives of this research are: 1. to convince people that their eating habits have much to do with their health. 2. to remove typical false beliefs people have about the issue.

............................................................................................

❹ **The present research attempts to make a comprehensive analysis of ….**

The present research attempts to make a comprehensive analysis of the effects of smoking on working efficiency in the office.

............................................................................................

---

レポートに有効な動詞「明らかにする」と「解明する」

| | |
|---|---|
| 「明らかにする」 | clarify ; define ; disclose ; uncover ; unlock ; clear up ; dig up ; throw light on ; cast light on ; shed light on ; bring... to light |
| 「解明する」 | illuminate（a problem）; elucidate（a mystery）; resolve（a doubt）; throw an objective light on（a subject）「客観的に解明する」 |

## 7．動機の表現
❶ 3つの関心事が本研究をスタートさせる動機であった。

・・・・・・・・・・・・・・・・・・・・・・・・・・・・・・・・・・・・・・・・・・・・・・・・・・・・・・・・・・・・

❷ それに関してはほとんど研究がなされていない。それゆえ、一歩進んで・・・を調査する。

・・・・・・・・・・・・・・・・・・・・・・・・・・・・・・・・・・・・・・・・・・・・・・・・・・・・・・・・・・・・

## 8．議論導入の表現
❶ ・・・をまず論じたい。
　まずゲルマン諸語の現代の言語学における分類に関して述べておきたい。


・・・・・・・・・・・・・・・・・・・・・・・・・・・・・・・・・・・・・・・・・・・・・・・・・・・・・・・・・・・・

❷ この節では、・・・について簡単に見ておく。
　この節では、その分野におけるビジネスが最近どう動いているのかについて簡単に見ておきたい。

・・・・・・・・・・・・・・・・・・・・・・・・・・・・・・・・・・・・・・・・・・・・・・・・・・・・・・・・・・・・

## 9．前の章や節を受けてから始める方法
❶ 前章では、我々は・・・を展開した。
　前章では、我々はドルが予想以上に高騰した理由についての新しい理論を展開した。

・・・・・・・・・・・・・・・・・・・・・・・・・・・・・・・・・・・・・・・・・・・・・・・・・・・・・・・・・・・・

❷ 前節では、我々は・・・について議論してきた。
　前節では、我々はこれまでの経済不況について議論してきた。
・・・・・・・・・・・・・・・・・・・・・・・・・・・・・・・・・・・・・・・・・・・・・・・・・・・・・・・・・・・・

❸ これらの基本概念とそれに関する調査結果は以下に詳述する。


・・・・・・・・・・・・・・・・・・・・・・・・・・・・・・・・・・・・・・・・・・・・・・・・・・・・・・・・・・・・

## 10．具体的な先行研究に触れる方法
❶ 多くの研究が・・・に対してなされてきた。
　多くの研究が不良債権の構造的原因に対してなされてきた。
・・・・・・・・・・・・・・・・・・・・・・・・・・・・・・・・・・・・・・・・・・・・・・・・・・・・・・・・・・・・

❷ 先行研究は・・・であると示している。
　先行研究は、政府が公債の総量を削減できないことを示している。

**❶ The present study was motivated by three concerns.**

**❷ There have been few studies on it; therefore, we will further reseach.**

**❶ Let us first discuss ….**

Let us first discuss how Germanic languages are classified in modern linguistics.

**❷ In this section, we will take a brief look at ….**

In this section, we will take a brief look at how the business in that field is going on these days.

**❶ In the preceding chapter, we developed ….**

In the preceding chapter, we developed a new theory on why the dollar jumped higher than expected.

**❷ In the foregoing section, we discussed ….**

In the foregoing section, we discussed the economic slump so far.

**❸ These back ground concepts and relevant research findings will be elaborated on below.**

**❶ A lot of studies have been made on ….**

A lot of studies have been made on the structural causes of bad loans.

**❷ Previous research has shown that ….**

Previous research has shown that the government cannot cut down on

❸A 氏はしばしば引用される質問を投げかけた。

　A 氏はしばしば引用される質問を投げかけた。―――あなたは死刑に賛成ですか？　反対ですか？

❹これらの仮説は・・・の研究で主に経験的に検証されてきた。

　これらの仮説はノース大学の世界的に有名な腫瘍学者、ペドロ・ハリス博士の研究で主に経験的に検証されてきた。

## 11.　研究方法を述べる方法

❶予備研究が実行された。

❷予備研究の分析に基づけば、・・・。

　予備研究の分析に基づけば、新技術をその製品に適用することができる。

❸はじめは〜することを試みたが、最終的に・・・を選ぶことにした。

　テープの録音を通じてデータを集めることを最初試みたが、結局、手作業で項目を書いていく原始的な方法をとることにした。

❹先の研究結果を考えると、この研究において次の 3 つの質問が浮かび上がる。

## 12.　語句の使用について述べる方法

❶我々は・・・という言葉を〜として使うことにする。

　我々は speculation という用語を比較的論理的基盤の少ない仮説の意味で使用する。

the amount of government bonds.

❸ **Mr. A posed the oft-quoted question:**

Mr. A posed the oft-quoted question: Are you for the death penalty or not?

❹ **These hypotheses have been empirically investigated mainly in studies by ⋯.**

These hypotheses have been empirically investigated mainly in studies by Professor Pedro Harris, a world famous oncologist at the North University.

❶ **A preliminary investigation was carried out.**

❷ **Based upon the analysis of the pilot studies, ⋯.**

Based upon the analysis of the pilot studies, the new technology can be applied to the product.

❸ **After initially attempting to do ～, I ultimately opted for ⋯.**

After initially attempting to collect data via tape recordings, I ultimately opted for the primitive method of jotting items down by hand.

❹ **In light of the previous findings, this study poses the following three questions.**

❶ **We will use the term ⋯ as ～.**

We will use the term speculation as a tentative theory with relatively less logical background.

❷〜の代わりに・・・という省略語を用いる。

Research and Development の代わりに R&D という省略語を用いる。

╍╍╍╍╍╍╍╍╍╍╍╍╍╍╍╍╍╍╍╍╍╍╍╍╍╍╍╍╍╍╍╍╍╍╍╍╍╍╍╍╍╍╍╍

❸・・・（以後〜を使う）・・・。

文法訳読式の教え方（以後 GT と約す）はまだうまく機能している。

---

「噂についての表現」あれこれ

rumor; hearsay; gossip; talk; talk of the town

　　　　語源　hearsay は本来、I hear people say 〜の意味

　　　　語源　rumor は本来、noise「騒音」の意味

（ニュース）unconfirmed report; information; communication; word

　　　　例　No word yet, but they say it's in the head.

　　　　　　「まだはっきりしませんが、どうも頭部をやられたようです。」

（軍事情報）intelligence; secret service; espionage「スパイ」;

　　　　reconnaissance mission「飛行機による偵察」;

　　　　wiretapping「盗聴」; scouting「斥候活動」

---

**❷ I will simply use the abbreviation ⋯ instead of 〜.**

I will simply use the abbreviation R & D instead of Research and Development.

⋯⋯⋯⋯⋯⋯⋯⋯⋯⋯⋯⋯⋯⋯⋯⋯⋯⋯⋯⋯⋯⋯⋯⋯⋯⋯⋯⋯⋯⋯⋯⋯⋯⋯⋯⋯⋯⋯⋯⋯⋯⋯⋯⋯

**❸ ⋯(henceforth 〜)⋯.**

Grammar Translation Method (henceforth, GT) still works successfully.

---

違いが分かる？　assumption と speculation

assumption は speculation より、論理性や理論性において優れた仮説を言います。speculation というと「思いつき」といったニュアンスも出ます。2つの単語のその他の意味も述べておきましょう。

- assumption：前提、（責任を）引き受けること、（態度等を）とること、（性質を）帯びること、（権利等の）占有化、横領、でしゃばり
- speculation：思案、思惑買い／売り、投機

## ② 情報処理の技法

### １．章構成などをまとめる方法

❶このレポートは５章に分けられる。

........................................................................................

❷このエッセイは序章も含めて３つの章から成っている。

........................................................................................

❸そのレポートは４章による構成である。


........................................................................................

### ２．分類する表現

❶我々は彼らの不平を２つに大別した。

........................................................................................

❷我々はそのカードを５つの項目に分類した。

........................................................................................

❸我々は、それらの項目を３つのレベルに分類する。

　（cf）我々は、その書類一式を機密扱いにする。
　　　　我々は、その問題の書類の機密扱いを解除する。

........................................................................................

❹彼らは鳥を５つのタイプに分類した。

........................................................................................

❺彼らは年齢別に分けられている。

........................................................................................

❻「その他」の項目には、特にどのカテゴリーにも当てはまらないような雑多な項目
　が入る。

........................................................................................

### ３．いったんまとめる方法

❶つまり、・・・である。

　つまり、資金を使い果たしかけているのである。

........................................................................................

## Useful Expression ——————————————— 組合せ応用自在

**❶** This paper is divided into five chapters.

**❷** This essay consists of three chapters including Introducution.

**❸** Four chapters constitute the paper.
  (=The paper is constituted of four chapters.)

**❶** We classified their complaints into two large groups.

**❷** We classified those cards into five headings.

**❸** We will classify the item into three.

  (cf) We will classify the documents concerned.
     We will declassify the documents at issue.

**❹** They grouped birds into five types.

**❺** They are grouped by age.

**❻** Under "Others" is a miscellaneous assortment that fits into no logical category.

**❶** In short,⋯.
  In short, we are running out of funds.

❷まとめると、・・・である。
　まとめると、我々はもっと人的資源が必要なのである。
................................................................

❸次に進む前に、これまで見てきたものをまとめてみよう。
................................................................

## 4．問題点を整理したり解決の糸口を示す方法
❶この研究法には幾つかの問題点がある。
................................................................

❷この研究は次の2つの調査課題を提供する。
................................................................

❸ここで起こったことは・・・である。
　ここで起こったことはアメリカの2桁のインフレの克服の成功である。


................................................................

❹我々がすべきことは・・・を示すことである。
　我々がすべきことは、我々がこの業界の最大手のメンテナンスサービス提供
者であることを、世界に示すことである。
................................................................

## 5．以前述べたことをいったん整理する方法
❶これまでに・・・であると述べた。
　これまでに、機械の受注が少なくて、午後の円売を引き起こすことを述べた。


................................................................

❷これまで、我々は暗黙に・・・ということを仮定してきた。
　これまで、我々は暗黙に、我々の投資金が今まで有効利用されているという
ことを仮定してきた。
................................................................

❸前章では・・・と述べたのを思い出そう。
　前章では、政府が今月の経済状態の見積もりを、下方修正したと述べたのを
思い出そう。
................................................................

**❷ To sum up,···.**

To sum up, we need more manpower.

................................................................................

**❸ Before going on, let us summarize what we have seen.**

................................................................................

**❶ There are several problems with this approach.**

................................................................................

**❷ This study addresses the following two research questions.**

................................................................................

**❸ What has happened here is that ···.**

What has happened here is that America has successfully overcome its double-digit inflation.

................................................................................

**❹ What we need to do is to show ···.**

What we need to do is to show the world that we are the NO.1 maintenance service provider in this line of business.

................................................................................

**❶ We saw earlier that ···.**

We saw earlier that the weak machinery order triggered the afternoon yen-selling.

................................................................................

**❷ Until now, we have been tacitly assuming that ···.**

Until now, we have been tacitly assuming that our investments so far have been efficiently used.

................................................................................

**❸ Just recall from the previous chapter that ···.**

Just recall from the previous chapter that the government downgraded its assessment of economic conditions this month.

................................................................................

## 6．語句の定義について整理する方法

❶我々は・・・という語を次のように定義する。

我々は"identity"という語を1つであり、同じであること、と定義する。

・・・・・・・・・・・・・・・・・・・・・・・・・・・・・・・・・・・・・・・・・・・・・・・・・・・・・・・・・・・・・・・・・・・・・・・・・・・・・・・・・・・・・・・・・・・・・

❷AとBの用語はしばしば交換可能である。

・・・・・・・・・・・・・・・・・・・・・・・・・・・・・・・・・・・・・・・・・・・・・・・・・・・・・・・・・・・・・・・・・・・・・・・・・・・・・・・・・・・・・・・・・・・・・

❸その用語の定義に従えば、・・・。

その用語の定義に従えば、応用科学は我々の知る科学ではない。

・・・・・・・・・・・・・・・・・・・・・・・・・・・・・・・・・・・・・・・・・・・・・・・・・・・・・・・・・・・・・・・・・・・・・・・・・・・・・・・・・・・・・・・・・・・・・

❹言い方を変えると、・・・。

言い方を変えると、我々は同じ製品にもっとお金を払わなければならない。

・・・・・・・・・・・・・・・・・・・・・・・・・・・・・・・・・・・・・・・・・・・・・・・・・・・・・・・・・・・・・・・・・・・・・・・・・・・・・・・・・・・・・・・・・・・・・

## 7．類似性や平行性を述べて整理する方法

❶AとBには類似点がある。

・・・・・・・・・・・・・・・・・・・・・・・・・・・・・・・・・・・・・・・・・・・・・・・・・・・・・・・・・・・・・・・・・・・・・・・・・・・・・・・・・・・・・・・・・・・・・

❷AとBはある点において似ている。

・・・・・・・・・・・・・・・・・・・・・・・・・・・・・・・・・・・・・・・・・・・・・・・・・・・・・・・・・・・・・・・・・・・・・・・・・・・・・・・・・・・・・・・・・・・・・

❸その2つの類似点に驚いた。

・・・・・・・・・・・・・・・・・・・・・・・・・・・・・・・・・・・・・・・・・・・・・・・・・・・・・・・・・・・・・・・・・・・・・・・・・・・・・・・・・・・・・・・・・・・・・

❹我々は・・・との類似点を発見できる。

我々は1929年の大恐慌との類似点を発見できる。

・・・・・・・・・・・・・・・・・・・・・・・・・・・・・・・・・・・・・・・・・・・・・・・・・・・・・・・・・・・・・・・・・・・・・・・・・・・・・・・・・・・・・・・・・・・・・

❺・・・を確認するのに想像力をいっぱいに働かせる必要はない。

近い将来、我々が自分の体の予備のパーツを取っておくことができるであろうことを確認するのに、想像力をいっぱいに働かせる必要はない。

・・・・・・・・・・・・・・・・・・・・・・・・・・・・・・・・・・・・・・・・・・・・・・・・・・・・・・・・・・・・・・・・・・・・・・・・・・・・・・・・・・・・・・・・・・・・・

## 8．違いを整理する方法

❶AとBの間にはいくつかの顕著な違いがある。

・・・・・・・・・・・・・・・・・・・・・・・・・・・・・・・・・・・・・・・・・・・・・・・・・・・・・・・・・・・・・・・・・・・・・・・・・・・・・・・・・・・・・・・・・・・・・

❷BとCにはAにおいて、その他多くの差がある。

・・・・・・・・・・・・・・・・・・・・・・・・・・・・・・・・・・・・・・・・・・・・・・・・・・・・・・・・・・・・・・・・・・・・・・・・・・・・・・・・・・・・・・・・・・・・・

**❶ We define the term … as follows:**

We define the term "identity" as being one and the same.

**❷ The terms A and B are often used interchangeably.**

**❸ According to the definition of the term, ….**

According to the definition of the term, applied science is not science we know of.

**❹ To put it another way, ….**

To put it another way, we have to pay more for the same product.

**❶ There is a similarity between A and B.**

**❷ A and B are similar in certain respects.**

**❸ The similarity between the two struck me.**

**❹ We can find parallels with ….**

We can find parallels with the great depression in 1929.

**❺ It does not take a great leap of the imagination to see ….**

It does not take a great leap of the imagination to see that in the near future we will be able to set aside our spare bodily parts.

**❶ There are several striking differences between A and B.**

**❷ There are many other differences in A between B and C.**

❸ A にとって、それは非常に意味のあるものであるのが分かった。

...........................................................................................

❹その違いは A に起因するようである。

...........................................................................................

## 9．分析結果を述べる方法

❶図1が示していることは・・・。

　図1が示していることは、我々の経済が上昇ムードにあるということである。

...........................................................................................

❷表2のまとめを行うと・・・。

　表2のまとめを行うと、いかにして我々が貿易において20万ドルを失ったのかということである。

...........................................................................................

❸それは明らかなので、詳しく説明する必要はないであろう。

---

レポートに有効な動詞「示す」と「表す」

　「示す」　　show；tell；give；denote；designate；chart（図式で）；exhibit；
　　　　　　 display；underscore；spell out

　「表す」　　[表現する] express；convey；import；voice／[曝（さら）け出す]
　　　　　　 expose；disclose；reveal；betray（emotion）；let on（a fact）／
　　　　　　 [代表する] represent；stand for／[象徴する] symbolize

❸ It makes a tremendous difference to A.

⋯⋯⋯⋯⋯⋯⋯⋯⋯⋯⋯⋯⋯⋯⋯⋯⋯⋯⋯⋯⋯⋯⋯⋯⋯⋯⋯⋯⋯⋯⋯⋯⋯⋯⋯⋯⋯⋯⋯⋯⋯⋯⋯⋯⋯⋯⋯

❹ The difference appears to be attributable to A.

⋯⋯⋯⋯⋯⋯⋯⋯⋯⋯⋯⋯⋯⋯⋯⋯⋯⋯⋯⋯⋯⋯⋯⋯⋯⋯⋯⋯⋯⋯⋯⋯⋯⋯⋯⋯⋯⋯⋯⋯⋯⋯⋯⋯⋯⋯⋯

❶ Figure 1 indicates ⋯.

Figure 1 indicates that our economy is in an upswing mood.

⋯⋯⋯⋯⋯⋯⋯⋯⋯⋯⋯⋯⋯⋯⋯⋯⋯⋯⋯⋯⋯⋯⋯⋯⋯⋯⋯⋯⋯⋯⋯⋯⋯⋯⋯⋯⋯⋯⋯⋯⋯⋯⋯⋯⋯⋯⋯

❷ Table 2 summarizes ⋯.

Table 2 summarizes how we have come to lose $200,000 in the trade.

⋯⋯⋯⋯⋯⋯⋯⋯⋯⋯⋯⋯⋯⋯⋯⋯⋯⋯⋯⋯⋯⋯⋯⋯⋯⋯⋯⋯⋯⋯⋯⋯⋯⋯⋯⋯⋯⋯⋯⋯⋯⋯⋯⋯⋯⋯⋯

❸ It is so obvious that it dose not need spelling out.

---

「代わりについての表現」あれこれ

（代用）substitute（動詞）「〜の代わりをする」　（名詞）「代用」
　　　例文　Margarine can be a good <u>substitute</u> for butter in this recipe.
　　　　　　「この献立ならバター<u>の代わり</u>にマーガリンで大丈夫。」
（汎用性）utility（名詞）「有用」「（形容詞的に用いて）汎用性のある」
　　　例文　We want a utility player.
　　　　　　「どこでも代わりに守れるやつが必要だ。」（主に野球での表現）
（摸倣）imitation（名詞）「代用品」「まがい物」「真似」
　　　例文　He does a hilarious <u>imitation</u> of President Bush.
　　　　　　「彼はブッシュ大統領の<u>真似</u>が傑作にうまい。」
（替え玉）dummy（名詞）「マネキン」「替え玉」
　　　例文　The tailor needs 100 dummies.
　　　　　　「あの洋服店では 100 の飾り人形が要る。」

## ③ 意見展開の技法

### 1．「～したので」等と断ってから意見を切り出す方法

❶これらの用語を明確にしたので、・・・。

これらの用語を明確にしたので、最初に提示した問題に戻ることにする。

❷これらの事柄を念頭において、・・・。

これまでに述べた事を全て念頭において、我々自身の議論を始めたい。

### 2．以前論じたことを踏まえて議論を展開する方法

❶以前述べたように、この研究は・・・に焦点を定める。

以前述べたように、この研究は、選定された4万平方メートルの地域における3基の新しい増殖炉の導入が、作物に与えると思われる影響に焦点を定める。

❷前節で繰り返し議論したように、我々は・・・について再度考察しなければならない。

前節で繰り返し議論したように、我々は当然とみなしてきた通貨の供給について再度考察しなければならない。

❸これは・・・の詳細な議論のほんの序の口に過ぎない。

これは30億ドルの歳入不足の解決に対する体系的なアプローチの詳細な議論のほんの序の口に過ぎない。

### 3．問題を提示してから意見を切り出す方法

❶起こってくる最初の問題は・・・に関係がある。

起こってくる最初の問題は去る1960年代の品質管理運動に関係がある。

## Useful Expression ──────────────組合せ応用自在

**❶ Having made these terms explicit, ….**

Having made these terms explicit, let us return to the original question we posed in the beginning.

..........................................................................................

**❷ With all these things in mind, ….**

With all these things mentioned so far in mind, we will start our own arguments.

..........................................................................................

**❶ As mentioned before, this study focuses on ….**

As mentioned before, this study focuses on the supposed impact an introduction of three new breeder reactors will have on the crops in the designated 40,000-m$^2$ area.

..........................................................................................

**❷ As we have repeatedly discussed in the previous section, we have to reconsider ….**

As we have repeatedly discussed in the previous section, we have to reconsider the money supply we have taken for granted.

..........................................................................................

**❸ This is a preliminary discussion detailing ….**

This is a preliminary discussion detailing the systematic approach to the solution of a revenue shortfall of $ 3 billion.

..........................................................................................

**❶ The first question that arises has to do with ….**

The first question that arises has to do with the Quality Control Movement back in the 1960s.

..........................................................................................

❷これらの例は次の２つの種類の問題を呈示する。

・・・・・・・・・・・・・・・・・・・・・・・・・・・・・・・・・・・・・・・・・・・・・・・・・・・・・・・・・・・・・・・・・・・・・・・・・・・・・・・・・・・・・・・・・・・・・・・・・・・・・・・・・・・・・・・・

## 4．具体例を出して意見を展開する方法

❶・・・を例にとろう。

リサイクル法を例にとろう。

・・・・・・・・・・・・・・・・・・・・・・・・・・・・・・・・・・・・・・・・・・・・・・・・・・・・・・・・・・・・・・・・・・・・・・・・・・・・・・・・・・・・・・・・・・・・・・・・・・・・・・・・・・・・・・・・

❷さて、・・・を例証する。

さて、ロボットの導入がいかにして自動車産業の全体の構造を変革したのかを例証する。

・・・・・・・・・・・・・・・・・・・・・・・・・・・・・・・・・・・・・・・・・・・・・・・・・・・・・・・・・・・・・・・・・・・・・・・・・・・・・・・・・・・・・・・・・・・・・・・・・・・・・・・・・・・・・・・・

❸一歩議論を進める前に典型的な例を検証しよう。

・・・・・・・・・・・・・・・・・・・・・・・・・・・・・・・・・・・・・・・・・・・・・・・・・・・・・・・・・・・・・・・・・・・・・・・・・・・・・・・・・・・・・・・・・・・・・・・・・・・・・・・・・・・・・・・・

❹上記の文で斜字体になっている箇所ははっきりと・・・ということを示している。

上記の文で斜字体になっている箇所ははっきりと今世紀前半に、大規模なエネルギー不足になるであろうということを示している。

・・・・・・・・・・・・・・・・・・・・・・・・・・・・・・・・・・・・・・・・・・・・・・・・・・・・・・・・・・・・・・・・・・・・・・・・・・・・・・・・・・・・・・・・・・・・・・・・・・・・・・・・・・・・・・・・

## 5．解決方法を提示して意見を展開する方法

❶この問題の可能な解決方法の１つは・・・である。

この問題の可能な解決方法の１つは、ハードウェア市場からソフトドライブ市場に大きく移行することである。

・・・・・・・・・・・・・・・・・・・・・・・・・・・・・・・・・・・・・・・・・・・・・・・・・・・・・・・・・・・・・・・・・・・・・・・・・・・・・・・・・・・・・・・・・・・・・・・・・・・・・・・・・・・・・・・・

❷我々は担当者と問題の解決に関して交渉すべきである。

・・・・・・・・・・・・・・・・・・・・・・・・・・・・・・・・・・・・・・・・・・・・・・・・・・・・・・・・・・・・・・・・・・・・・・・・・・・・・・・・・・・・・・・・・・・・・・・・・・・・・・・・・・・・・・・・

## 6．自分の仮説を提示して意見を展開する方法

❶私の理論は・・・である。

私の理論は 1800 年頃には我々の人口の 90 ％が、食糧の 100 ％を生産したということである。

・・・・・・・・・・・・・・・・・・・・・・・・・・・・・・・・・・・・・・・・・・・・・・・・・・・・・・・・・・・・・・・・・・・・・・・・・・・・・・・・・・・・・・・・・・・・・・・・・・・・・・・・・・・・・・・・

**❷ These examples raise two kinds of questions:**

................................................................................

**❶ Let us take … for example.**

Let us take the recycling law for example.

................................................................................

**❷ Now let us exemplify ….**

Now let us exemplify how the introduction of robots changed the structure of the auto industry as a whole.

................................................................................

**❸ We will give typical examples before we go further.**

................................................................................

**❹ The italicized portions of the above sentences clearly show ….**

The italicized portions of the above sentences clearly show that there will be a big-scale power shortage in the early half of this century.

................................................................................

**❶ One of the possible solutions to this problem may be ….**

One of the possible solutions to this problem may be a great shift from hardware-driven marketing to software-driven marketing.

................................................................................

**❷ We should negotiate a settlement of the problem with the person in charge.**

................................................................................

**❶ My theory is ….**

My theory is that in about 1800, 90% of our population produced 100% of the food.

................................................................................

❷卑見によれば（私見によれば）・・・である。

卑見によれば（私見によれば）2003 年までには、我々は毎年一万九千台の
コンピューターを生産するであろう。

............................................................................................

❸私の仮説では、・・・であった。

「もしも円が強すぎて、例えば対 1 ドル 100 円を切るようであればいわゆる
J カーブ効果はわが国の経済に影響を与えないだろう」というのが私の仮説
であった。

............................................................................................

❹私の分析は・・・の言葉で表現できる。

私の分析は存在論の言葉で表現できる。

............................................................................................

## 7．説明や議論の必要性を述べて意見を展開する方法

❶だから我々は、なぜ・・・なのかを説明する必要がある。

だから我々は、なぜ日本では企業乗っ取りが広く行われないのかを説明する
必要がある。

............................................................................................

❷最初に・・・を検証してみよう。

最初に、アジア地域における経済危機に対して IMF 主導で行った、解決の
有効性を検証してみよう。

............................................................................................

❸・・・という議論が成り立つであろう。

総理大臣の経済刺激策は、規模は小さすぎ、また、時機を失したという議論
が成り立つであろう。

............................................................................................

## 8．議論の必然的な方向を示す方法

❶議論は次のように展開するだろう。

............................................................................................

❷この証拠から、・・・ということになるであろう。

この証拠から、目撃者の証言は検死結果と矛盾するということになるであろ
う。

............................................................................................

**❷ In my humble opinion,⋯.**

In my humble opinion, by 2003, we will be producing 19,000 computers per year.

**❸ It was my hypothesis that ⋯.**

It was my hypothesis that the so-called J-curve effect would not have any impact on our economy if the Yen remained so strong, say, lower than 100 yen against the dollar.

**❹ My analysis can be couched in the terminology of ⋯.**

My analysis can be couched in the terminology of ontology.

**❶ We must therefore account for why ⋯.**

We must therefore account for why Takeover Bid is not widely practiced in Japan.

**❷ First let us examine ⋯.**

First let us examine the validity of an IMF-led solution to the economic crisis in the Asian region.

**❸ It may be argued that ⋯.**

It may be argued that the Prime Minister's economic stimulus package is too small and too late.

**❶ The argument will proceed as follows:**

**❷ From this evidence it follows that ⋯.**

From this evidence it follows that the witness' testimony contradicts the autopsy result.

## 9．別の方向へ話を向ける方法

❶さて、・・・に話を進めよう。

さて、この情報化社会で生き残るための我々自身が何者であるかを再定義する必要性に話を進めよう。

.........................................................................................

❷これに関する別の話題へコマを進めよう。

.........................................................................................

## 10．話を元に戻す方法

❶さて、この節の主な目的に立ち戻ろう。

.........................................................................................

❷さて、本題に入ろう。

.........................................................................................

## 11．議論を見直す必要があることを示す方法

❶我々はその議論を注意深く再考する必要がある。

.........................................................................................

❷残念ながら、事態はそれほど単純なものではない。

.........................................................................................

---

「分析」の表現

分析を表わす単語は ana-で始まるものが多い。ana-ではじまる単語を見るとかなりの場合「分析に関係のある意味を持つ」と考えてよいのです。analyze（動詞）の意味は to examine in detail「細かに調べ尽くす」。ana ＝ up ですが、up には completely「徹底的に」の意味があります。eat up「食べ尽くす」/ drink up「飲みほす」/ check up「徹底的に調べる」などを見れば感じがつかめると思います。

　　例（ana-を用いた表現）analyst; analysis; anatomy; analyze; anatomic;
　　　anatomize

　　例（それ以外の表現）break down; dissect; divide; subdivide; segment
　　　itemize; separate; class; categorize

**❶ Let us turn to ….**

Let us turn to the necessity of redefining ourselves to survive in this information society.

**❷ We will look at another subject related to this.**

**❶ We now return to the main purpose of this section.**

**❷ Let us get down to brass tacks.**

**❶ We need to think twice about the argument carefully.**

**❷ Unfortunately, the matter is not quite as simple as that.**

---

レポートに有効な動詞「分類する」と「構成する」

「分類する」 classify ; group ; sort ; assort ; distribute ; divide into classes ; reduce to classes

「構成する」 compose ; consist of ; be composed of ; be made up of ; form ; organize ; constitute ; construct（a theory）; frame（a plan）

---

# ④ 締め括りの技法

## １．結論を述べる方法

❶それゆえ我々は・・・と結論付けることができる。

それゆえ我々は、これまでに用いてきた手法は望んできた結果を生まなかっ
た、と結論付けることができる。

................................................................................

❷この事実から我々は・・・と結論付けることができる。

この事実から我々は、孤立主義と保護貿易主義は、混乱状態への近道である
と結論付けることができる。

................................................................................

❸こういうわけで、我々は無理なく・・・と結論付けることが可能だ。

こういうわけで、我々は無理なく、半導体製造装置において特に在庫が増加
したと結論付けることが可能だ。

................................................................................

❹我々は・・・という結論に到達した。

我々は、新大臣の"財政政策は日銀の手中にないのだ"という意識の欠如が、
通貨市場を下落に陥れたという結論に到達した。


................................................................................

## ２．発見したことを述べる方法

❶この研究で発見した重要なことは・・・である。

この研究で発見した重要なことは、理想的条件のもとで得られた実験結果は、
その仕事における機械の実際の性能を必ずしも保証するわけではない、とい
うことである。

................................................................................

❷この予備研究によって次のようなものが発見された。

................................................................................

❸２つの教育的な含蓄がこの研究から引き出せる。

................................................................................

## Useful Expression ———————————— 組合せ応用自在

❶ **We must therefore conclude that** ···.

We must therefore conclude that the measures we have taken so far have not produced the desired result.

❷ **We can conclude from this fact that** ···.

We can conclude from this fact that isolationism and protectionism are short cuts to chaos.

❸ **Thus we reasonably conclude that** ···.

Thus we reasonably conclude that inventories increased particularly in semiconductor-manufacturing devices.

❹ **We arrive at the conclusion that** ···.

We arrive at the conclusion that the new Minister's unawareness that the Bank of Japan does not control monetary policy sent the currency markets into a tailspin.

❶ **An important finding of this study is that** ···.

An important finding of this study is that test results obtained under ideal conditions do not necessarily guarantee the machine's performance on the job.

❷ **The findings of this preliminary research include:**

❸ **Two educational implications are drawn from this investigation.**

## 3．結論に疑問を投げ掛ける方法

❶先の結論は・・・が欠けている。

先の結論は裏づけするデータが欠けている。

........................................................................................................

❷・・・の意味において、結論は幾分論理的に甘い（＝ illogical）。

一連の証拠がないという意味において、結論は幾分論理的に甘い。

........................................................................................................

❸これがもっともらしい結論かどうかをチェックするために、我々は・・・を考察すべきであろう。

これがもっともらしい結論かどうかをチェックするために、我々はいかにそのサンプリングが行われたのかを考察すべきであろう。

........................................................................................................

## 4．統計や観察・実験の結果を報告する方法

❶結果は・・・を示した。

結果は、近年の総投下資本の 50％近くは、コンピューターに充てられたということを示した。

........................................................................................................

❷ここで得られた結果は・・・である。

ここで得られた結果は 1999 年の第 2 四半期におけるレーザー手術は、200件をわずかに越すばかりであったが、今年の第 1 四半期にはその数が555,000 件に跳ね上がったということである。

........................................................................................................

❸・・・ということが推定された。

政府による発表が、この前の金曜日の 1 ドル 122 円から、124 円への下落を招いたのであろうということが推定された。

........................................................................................................

❹本研究の結果は・・・に貢献するでしょう。

本研究の結果は、日本の病院における静脈からの栄養摂取が一般的に行われることに貢献するでしょう。

........................................................................................................

❶ **The foregoing conclusions are lacking in** ….

The foregoing conclusions are lacking in back-up data.

❷ **The conclusion is somewhat illogical in the sense that** ….

The conclusion is somewhat illogical in the sense that there is no chain of evidence.

❸ **To test whether this is a plausible conclusion, we have to consider** ….

To test whether this is a plausible conclusion, we have to consider how the sampling was performed.

❶ **The result showed that** ….

The result showed that nearly 50% of total capital investment in recent years has been for computers.

❷ **The results obtained here are** ….

The results obtained here are that in the second quarter of 1999 the number of laser surgeries was a little more than 200, while the number jumped up to 555,000 in the first quarter of this year.

❸ **It was presupposed that** ….

It was presupposed that the announcement by the government would cause the dollar to fall from ¥122 to ¥124 late Friday.

❹ **The result of the present study will contribute to** ….

The result of the present study will contribute to the general use of intravenous hyperalimentation in Japanese hospitals.

❺本研究は・・・の効果をレポートしたものである。

本研究は、がん患者へのグリベックと呼ばれる試薬品の効果をレポートしたものである。

　　　　　　　　　　　　　　　　　　　　　　　　　　　　　　　　　　　　　　

❻これまでの我々の研究は・・・ということを示した。

これまでの我々の研究は、鎮痛剤としてのモルヒネを服用した胃がん患者の割合が、1980 年の 1 ％から 1982 年には 93 ％に上昇したということを示した。

　　　　　　　　　　　　　　　　　　　　　　　　　　　　　　　　　　　　　　

## 5．研究の不十分さを詫びて締め括る方法

❶全ての不備な点は私自身に責任がある。

　　　　　　　　　　　　　　　　　　　　　　　　　　　　　　　　　　　　　　

❷筆者が率直に認めなければならないこの研究の１つの限界は・・・である。

筆者が率直に認めなければならないこの研究の１つの限界は、我々がこのレポートの前半で用いてきたデータが、必ずしも十分に処理されていなかったことである。

　　　　　　　　　　　　　　　　　　　　　　　　　　　　　　　　　　　　　　

❸本研究は、発見したものの正当性を認めるために、より広い分野をカバーできていなければならない。

　　　　　　　　　　　　　　　　　　　　　　　　　　　　　　　　　　　　　　

❹この研究結果は・・・が少なかったため、法則化するのに限界があったかもしれない。

この研究結果は、我々の結論を支えるのに必要な実例が少なかったため、法則化するのに限界があったかもしれない。

　　　　　　　　　　　　　　　　　　　　　　　　　　　　　　　　　　　　　　

❺これらの限界にもかかわらず、・・・であると考えている。

これらの限界にもかかわらず、レントゲンを電算機で処理することが動脈硬化の早期発見に貢献してきたことを、我々のレポートは示してきたと考えている。

❺ **The present study has reported the effect of ⋯.**

The present study has reported the effect of the experimental drug called Glivec on cancer patients.

❻ **So far our investigation has shown that ⋯.**

So far our investigation has shown that the percentage of the gastric cancer patients who took morphine for analgesic was 93% in 1982 up from 1% in 1980.

❶ **All the inadequacies are my own.**

❷ **One limitation of the present study that the author has to admit frankly is ⋯.**

One limitation of present study that the author has to admit frankly is that the data we used in the first half of the report was not necessarily well processed.

❸ **The present study would need to be extended in order to validate its findings.**

❹ **The result of the study may have limited generalizations because of the small number of ⋯.**

The result of the study may have limited generalizations because of the small number of actual cases we need to support our conclusion.

❺ **In spite of those limitations, we believe that ⋯.**

In spite of those limitations, we believe that our report has shown that computerized tomography has contributed to early detection of arteriosclerosis.

## 6．研究の方向性を示して締め括る方法

❶・・・という問題は以前謎のままである。

........................................................................................

❷異なる研究方法でさらに研究がなされるべきであろう。


........................................................................................

❸一般的に学習者の言語能力の発達について同様のあるいは広範囲の研究が推し進められることが望まれる。

........................................................................................

## 7．論文の位置付けを示す方法

❶これは、・・・に提出された論文に修正を加えたものである。

........................................................................................

❷これは、・・・で発表された論文に加筆・修正を加えたものである。

........................................................................................

❸この論文の初期のものは、・・・に提出した。

........................................................................................

## 8．謝辞（acknowledgement）の表現

❶我々は〜に関し、・・・氏に心からの謝意を表明したい。

　我々は校正に関し、石川女史に心からの謝意を表明したい。

........................................................................................

❷この研究が基づいている調査は、・・・氏により助言されたものである。

........................................................................................

❸私は XYZ 大学の A 氏と B 氏の有意義な提案に対し、感謝の意を表したい。


........................................................................................

## 9．補遺（Appendix）を示す方法

❶補遺を参照。

........................................................................................

❷参考に次のものをリストアップしておく。

........................................................................................

❶ The question of ⋯ remains a mystery.

❷ It is necessary to conduct further studies with different research methods.

❸ It is hoped that many similar and extended investigations will continue to be pursued into the language development of learners in general.

❶ This is a revised version of a paper presented at ⋯.

❷ This is a revised and expanded version of the paper presented at ⋯.

❸ An earlier version of this paper was presented at ⋯.

❶ We express our sincere gratitude to ⋯ for ～.

We express our sincere gratitude to Ms. Ishikawa for proofreading.

❷ The research on which this study is based is supported by ⋯.

❸ I wish to acknowledge Mr. A and Miss B at XYZ University for their valuable suggestions.

❶ See appendix for reference.

❷ Listed below for reference are:

# ⑤ やや専門的な文書の書き方

## １．仕様書に関する基本表現

「本仕様書の範囲は〜」

❶この仕様書で扱う範囲は S-11 ロータリースイッチの詳細な必要条件である。
........................................................................................

❷この仕様書では 3000 個の燃料タンクの亜鉛めっきを施す際の工学的必要条件を取り扱いの範囲とする。
........................................................................................

「本仕様書の目的は...」

❸本仕様書の目的は、以下に示されている文書にとって変わるものではなくそれらの文書に対しそこで十分に扱えなかった条件を補うことである。

........................................................................................

❹本仕様書の意図は ABM234 を修正し制限することだ。
........................................................................................

## Useful Expression ──────────────── 組合せ応用自在

❶ **This specification covers** the detailed requirement for type S-11 rotary switches.

......................................................................................

❷ **This specification presents** the engineering requirements for the galvanization of the 3000 fuel tanks.

......................................................................................

❸ **The purpose of this specification** is not to replace the reference documents listed below but only to supplement them with certain conditions not fully covered therein.

......................................................................................

❹ **The intent of this specification** is to amend, and limit ABM 234.

......................................................................................

---

工業英語に頻出する語彙①

・cover（動詞）「規定する」「述べる」
・requirements for 〜「〜の必要条件」
・specification「仕様書」◆通常は複数形で用いるが仕様書を一本のものとみなすと
　　　　　　　　　　　　　　きには単数表記も可能
・GENERAL「概要」◆通常は大字で表記する　また下線を施す
・SCOPE　「範囲」◆通常は大文字で表記する　また下線を施す

---

「仕様書の一部を構成する」
❺以下の文書は本仕様書の一部を構成する。

「〜で規定される範囲において」
❻下の出版物はここにおいて規定される範囲において本仕様書の一部を構成する。

❼テトラポッド社はここに述べた範囲において責任を負う。

「〜の必要条件を満たす」
❽亜鉛めっきの燃料タンクは CSA 基準の必要条件を満たしている。

「〜の場合はこの限りではない」
❾ABC ガルバナイズ社はすべての亜鉛めっき燃料タンクを回収するが、タンクの寸法と変動誤差が指定された条件の下での限界内に収まらない場合はこの限りではない。

❿他に特に指示がなければ、タンクは設計され、組み立てられ、英国基準協会350 にのっとり試験される。

❺ The following documents **form a part of this specification**.

⋯⋯⋯⋯⋯⋯⋯⋯⋯⋯⋯⋯⋯⋯⋯⋯⋯⋯⋯⋯⋯⋯⋯⋯⋯⋯⋯⋯⋯⋯⋯⋯⋯

❻ The following publications form a part of this specification only **to the extent specified herein**.

⋯⋯⋯⋯⋯⋯⋯⋯⋯⋯⋯⋯⋯⋯⋯⋯⋯⋯⋯⋯⋯⋯⋯⋯⋯⋯⋯⋯⋯⋯⋯⋯⋯

❼ Tetra Pod Company is responsible only **to the extent specified herein**.

⋯⋯⋯⋯⋯⋯⋯⋯⋯⋯⋯⋯⋯⋯⋯⋯⋯⋯⋯⋯⋯⋯⋯⋯⋯⋯⋯⋯⋯⋯⋯⋯⋯

❽ Galvanized fuel tanks **meets the requirements of** CSA Standards Designation.

⋯⋯⋯⋯⋯⋯⋯⋯⋯⋯⋯⋯⋯⋯⋯⋯⋯⋯⋯⋯⋯⋯⋯⋯⋯⋯⋯⋯⋯⋯⋯⋯⋯

❾ ABC Galvanize recalls every galvanized fuel tank, **except that its dimensions and variations are not within permissible limits under conditions specified**.

⋯⋯⋯⋯⋯⋯⋯⋯⋯⋯⋯⋯⋯⋯⋯⋯⋯⋯⋯⋯⋯⋯⋯⋯⋯⋯⋯⋯⋯⋯⋯⋯⋯

❿ **Unless otherwise specified**, tanks shall be designed, fabricated, inspected and tested in accordance with British Standards Institution 350.

⋯⋯⋯⋯⋯⋯⋯⋯⋯⋯⋯⋯⋯⋯⋯⋯⋯⋯⋯⋯⋯⋯⋯⋯⋯⋯⋯⋯⋯⋯⋯⋯⋯

---

工業英語に頻出する語彙②
- reference publications「参考出版物」
- APPLICABLE DOCUMENT「利用すべき書類」
  ◆すべて大文字で表記するのが普通
- MATERIAL「材料」◆項目として示すにはすべて大文字で表記し下線を施す
- design「設計」
- construction「構造」
- Quality Assurance Provisions「品質保証条項」

「ここに修正されているように」

⓫ここに示されているように二枚羽のスクリューが採用されるべきだ。

.........................................................................

## ２．報告書などに見られる表現

「〜のことは認めている」

❶経営陣は売上が急増したことを認めている。

.........................................................................

「〜の対策をする」

❷水銀が飛び散れば安全上に重大な事態が生じるので、研究所内での水銀の飛沫を清掃するために対策を講じる必要がある。

.........................................................................

❸注文第 1235 号は 7 週間の遅れであるので、追いつくためには何らかの対策を講じる必要がある。

.........................................................................

「B よりは A の方を推奨する」

❹これらの発見に基づき、私はこの部署がタイプ 2 のカーボンコピー用紙よりはミニウェアータイプ 1 を使用するのを推奨する。

.........................................................................

❺我々はこれ以上の公共投資よりは民間設備投資刺激策を推奨する。

.........................................................................

「〜の調査を行う」

❻私は、濃密度褐色粘土質からなる 2 メートルの地層に対しても細かな砂からなる 50 センチの地層に対しても密度の調査を行った。

.........................................................................

❼そのチームはヒヒの心臓に対する遠隔手術の実験を行った。

.........................................................................

「以下同様」「以下同文」

❽1 から 10 まで数えるには以下のようにする。 1 ， 2 ， 3 、、、。

.........................................................................

❾以下同文です。

.........................................................................

**⓫** A two-blade screw shall be adopted, **as modified herein**.

**❶** The board **is satisfied on the evidence that** sales have jumped dramatically.

**❷** Because mercury spills pose the most serious safety hazard, **provisions must be made for** cleaning up mercury spills in the laboratory.

**❸** The order 1235 is seven weeks behind schedule, so **some provision must be made for catching up**.

**❹** On the basis of these findings, I **recommend** that this department use Mini Wear Type I carbon paper **rather than** Type II carbon paper.

**❺** We **recommend** a private-sector investment stimulus package **rather than** more public spending.

**❻** I **performed** density **tests** both **on** a two-meter deep layer of dense, brown, clay and on a fifty-centimeter layer of fine sand.

**❼** The team **performed a distance-operation test on** a baboon's heart.

**❽** In counting from one to ten, we proceed **as follows**: one, two, three, etc.

**❾** The following are **the same as above**.

## 3．「冗長をなくす」工夫

「省略可能な語句あれこれ」

❶総数で〜　　（本来伝達したい意味）「この辞書には4万語収録されている。」

❷〜の間隔で　　　　　　　　　　　「5分でエンジンは止まる。」

❸〜の間　　　　　　　　　　　　　「飛行は着陸なしで9時間続いた。」

❹〜に位置する　　　　　　　　　　「ナイトビジョンは部屋の後方の机の上にある」

注　after 5 minutes と in 5 minutes の違い

　　一般論で「（ある決まった時点から）5分後に」と言いたい場合は after 5 minutes が用いられ、「今から5分後に」と言いたい場合は in 5 minutes が用いられる。「過去や未来のある時点から5分後」を表現する場合は after が使われる。

## 4．「技術英語の頻出表現」その I

「以下の基準を満たす」

❶どのようなコンピュータのプログラムであれ、飛行中の情報分析を示すものは、以下の基準を満たすものでなければならない。

「〜に努力を傾注する」

❷彼らは、難しいと思われる科学技術英語の特徴に努力を傾注することでまさに得るところがある。

**❶ a total of 〜**      △This dictionary contains a total <u>of</u> 40,000 words.

    → (Revised) This dictionary contains 40,000 words.

**❷ a time interval of 〜**      △After **<u>a time interval of</u>** 5 minutes, the engine stops.

    → (Revised) After 5 minutes, the engine stops.

**❸ for a duration of 〜**      △The flight continued **<u>for a duration of</u>** 9 hours without landing.

    → (Revised) The flight continued **<u>for</u>** 9 hours without landing.

**❹ located at 〜**      △The night vision device is on the table **<u>located at</u>** the back of the room.

    → (Revised) The night vision device is on the table **<u>at</u>** the back of the room.

❶ Any computer program, which would produce an adequate in-flight analysis, would have to **meet the following criteria**.

❷ They can now benefit from **focusing on** the features of scientific and technical English that are known to be troublesome for them.

「〜をより重要視する」

❸我々としては、効果的意思疎通の根底にある心理的、社会的、修辞学的原則をより重要視してきた。

........................................................................................

「〜に負うところ多大な」（＝〜の恩恵をこうむる）

❹本書の第6、7および9章は、技術英語を扱っているが、リチャードEヤング氏に負うところきわめて多大である。

........................................................................................

「〜を通じて終始一貫するのは」

❺本書を通じて終始一貫するのは現代コミュニケーションの国際的重要性についての関心である。

........................................................................................

「〜をさらに網羅して」

❻さらにパート7のジャンルを網羅することで指導面の取り扱いの必要性を満たすことになる。

........................................................................................

「〜をご覧になればわかるように」

❼表1-2をご覧になればわかるように、彼らの大部分はライティングの技術を身につけていることは仕事にきわめて重要だと彼らの返答からわかった。

........................................................................................

「追跡調査で判明したのは」

❽追跡調査で判明したのだが、これらの事故は避けられた可能性がある。

........................................................................................

「中途半端だ」

❾ある問題はよく定義されているし、またあるものは定義が下手であるが、多くは曖昧な定義だ。

........................................................................................

「〜と考えたくなる」

❿コミュニケーションを単に情報を伝えればよいと考えたくなるものだ。

........................................................................................

❸ We have **placed more emphasis on** the psychological, social, and rhetorical principles underlying effective communication.

❹ Chapters 6,7, and 9 of the book deal with technical English, **strongly indebted to** Richard E. Young.

❺ **Integrated throughout** the text is a concern with international dimensions of modern communication.

❻ **The expanded coverage of** genres in Part 7 should satisfy the need for treatment of instructions.

❼ Their answers, **as can be seen in** Table 1-2, indicated that for most of them, having writing skills was very important to their work.

❽ **Follow-up investigations show** that these accidents could have been averted.

❾ Some problems are well-defined; others are ill-defined; many are **somewhere between**.

❿ **It is tempting to think** of communication as a simple matter of conveying information.

「総括すれば」「つまりは」

⓫つまりテクニカルコミュニケーションはとても複雑だということだ。

.........................................................................................

「〜の能力が必要だ」

⓬テクニカルコミュニケーションには技術的および非技術的言語能力が必要だ。

.........................................................................................

「見解が生まれる」

⓭これらを考察すれば、自分の任務を見つめ自分の主題に関連する事項を見る助けとなる見解が生まれる。

.........................................................................................

## 5．「技術英語の頻出表現」その Ⅱ

「〜の範囲で一定する」

❶そのアルミニウムのブロックの温度は ± 0.7 °F の範囲で一定している。

.........................................................................................

「結果を出すために」

❷結果を出すために、魚雷には 2 つの小さなひれが取り付けられた。

.........................................................................................

「測定がなされる」

❸すべてのデータ測定は静力学的に行われた。

.........................................................................................

「〜まで正確だ」

❹歪（ひずみ）は 1 ミリメーターの十分の一まで正確だ。

.........................................................................................

「〜は・・・によってあきらかだ」

❺路面に残るタイヤの後から彼がブレーキをかけたのはあきらかだ。

.........................................................................................

「〜が障害となっている」

❻その研究には見本の設定が大きな障害となった。

.........................................................................................

**⓫ In sum**, technical communication is very complex.

⓬ Technical communication **requires a good command of** both technical and non-technical language.

⓭ Each of these considerations will **present perspectives** from which you can view your task and in doing so will help you see things relevant to your subject.

❶ The temperature of the aluminum block is **constant to within** $\pm$ 0.7 $^\circ$ F.

❷ **To achieve the results**, two small fins were attached to the torpedoes.

❸ All data **measurements were taken** statically.

❹ The strains are **accurate to** one tenth of a millimeter.

❺ It **was evidenced by** skid marks on the road that he quickly brought his car to a halt.

❻ The most difficult **obstacle to** the study was the preparation of the model.

「~は厄介なことだ」

❼そのような見本を作成するのはなかなか厄介だ。

.....................................................................................

「方向性を与える」（＝「導く」）

❽文書の出だしというものはいろいろと異なる背景を持つ読み手に方向性を与えるものでなければならない。

.....................................................................................

「レポートを文脈に即して書く」

❾読者がレポートを他の情報や総合的な目標に関連させて読むことができるためには、レポートを文脈に即して書かなければならない。

.....................................................................................

## 6．「レポートの書き方」に関する特別表現

❶ Forward の書き方

(a)本レポートは、AVE 社の従業員を1名専門家の会議に出席させることの一般的意義や、ライター、編集者、イラストレーター達をテクニカルコミュニケーション協会の年次大会に出席させることの特別の意義を論じるのが目的である。

(b)本レポートの目的は実験の結果を示し、前回の書簡において指定された状況下でエンジンが意図通りの結果を出すことができるように推奨事項を提示することである。

頻出表現

「このレポートの目的は~」

「このレポートは~を述べるものだ」

（ポイント）

レポートの目的をはっきり述べること。曖昧な表現を避けるために purpose / present など表現がよく使われる。

.....................................................................................

❼ The production of such a test piece **posed a considerable problem**.

......................................................................................................

❽ The beginning of a document must **orient** readers of varying backgrounds.

......................................................................................................

❾ You have to **place the report in a context** so that the reader can see how it fits in with other information and overall goals.

......................................................................................................

❶ Forward の書き方

(a) The purpose of this report is to discuss the general value of sending an AVE employee to a professional conference and the specific value of sending a writer, editor, or illustrator to the annual conference of the Society for Technical Communication.

(b) This report presents the result of the tests and recommendations to meet the required engine performance under the situation specified in the previous letter.

頻出表現
- The purpose of this report is to ~
- This report presents ~

......................................................................................................

## ❷ Summary の書き方

(a)個人的見解では、AVE 社は専門家会議への従業員の出席のために必要経費の提供を続けるべきであると思います。会社も、部署も、従業員各人も益するところがあります。彼ら従業員が学んだものを実際に活用できるまでには時間がかかると思われますが、やがて彼らの学んできたものは我が社のコミュニケーションに日々寄与してくれるものと思われます。

(b)R-2600 タイプサイクロンエンジンを採用することで、エンジン機能が向上したので、同エンジンはその工場で最優先に扱われるべきだ。

（ポイント）
推奨する内容および希望をはっきりと述べること。

❷ Summary の書き方

(a) I hope AVE will continue to fund participation in professional conferences. The company, the department, and the individual will benefit. It may take time afterwards to put ideas they have learned into practice, but in the meantime, those ideas have a daily impact on our communication process.

(b) Because of improved engine performance as a result of adopting "R-2600 type Cyclone," the R-2600 type engine should be given first priority in the plant.

# Coffee Time

１．*call を用いた色々な表現

　次に書き出した call を用いた色々な表現の意味を考えてみてください。

1 He called me names.　2 This is my calling.

3 This is a call box.　4 Let's call it a day.　5 Let's call a spade a spade.


できましたか？　念のために参考の訳をつけておきます。

1「彼は私の悪口を言った」2「これが私の天職です」3「これは電話ボックスだ」

4「今日はこれまで」5「ありのままの話をしようじゃないか」

㊟a call box は米用法で「警察連絡用電話」という意味もある。

２．「秘書は偉い人？」

　secretary は「秘書」の意味ばかりではありません。意外や意外、いろいろの意味があります。


　*Secretary あれこれ。以下に列挙する secretary の意味をご存知ですか？

1 Home Secretary　2 Secretary of Treasury　3 Secretary of Defense

4 Secretary-General

　ところで、secretary と secret では何かの部分が共通しませんか？　そうです、secret（秘密）を任されるから secretary なのです。Secretary of State とは国家の秘密を任されるから「国務長官」なのです。やはり secretary は偉い人のようですね。


正解は以下の通り。

1「内務大臣」2「財務長官」3「国防長官」4「（国連などの）事務総長」

㊟　政党の幹事長は Secretary-general となり "g" は小文字。

## 第 3 章

# 英文レポートを
# 書くための
# 機能別英語表現

The Golden Rule
for Brush up your writing while adding variety to your expressions!
Perfect Writing

# ① 陳述に関する表現

## 1.「述べる」ことを述べる表現

❶事実を述べる

......................................................................................................

❷事情を述べる

......................................................................................................

❸❹❺〜に関して意見を述べる

❸現在の経済状況に関して意見を述べます。

......................................................................................................

❹当社は同社の信用状態に関して意見を述べます。

......................................................................................................

❺犯罪率の上昇傾向に関して意見を述べます。

......................................................................................................

❻❼〜の印象を述べる

❻委員長は、政府による経済政策に関して自分の印象を述べたいと思いました。

......................................................................................................

❼在庫品一掃セールについての印象を述べます。

......................................................................................................

❽〜の概略を述べる

　大統領の経済報告の概略を教えてください。

......................................................................................................

❾その計画の概略を述べましょう。

......................................................................................................

## Useful Expression ————————————— 組合せ応用自在

**❶ state / describe / mention a fact**

........................................................................................................

**❷ relate / narrate the circumstances**

........................................................................................................

**❸ give one's opinion on ～**

Let me give my opinion on the current economic situation.

........................................................................................................

**❹ air / expand /deliver one's opinion on ～**

We will air our opinion on the credit standing of the firm.

........................................................................................................

**❺ set forth one's viewpoint on ～**

Let us set forth our viewpoint on the upward trend of the crime rate.

........................................................................................................

**❻ give one's impression of ～**

The chairman wanted to give his impression of the economic package by the government.

........................................................................................................

**❼ voice one's opinion on ～**

I will voice my opinion on the clearance sale.

........................................................................................................

**❽ give an outline of ～**

Give us an outline of the economic report by the President.

........................................................................................................

**❾ Let us outline a plan.**

........................................................................................................

❿〜の要点を述べる

委員長は、彼に発言の要点を述べてほしいと思っています。

⓫これまでの議論の要点はこうです。

⓬要点をまとめましょう。

⓭要点はここにあります。

⓮人に事に対して感謝の気持ちを述べる。

ネイスビッツ氏のおもてなしに対して感謝の気持ちを述べたいと思います。

⓯人に祝辞を述べる。

あなたの成功を、心からお喜び申し上げます。

## ２．事情について述べる

❶事情が許す限り

事情が許す限り、リサーチセクションは資金を提供します。

❷色々な事情が重なって

色々な事情が重なって、生体組織検査をこれ以上行うことができません。

❸止むを得ない事情があって

止むを得ない事情があって、プロジェクト X は解消されました。

❹言うに言えない事情があって

言うに言えない事情があって、我々は試作モデル Z を捨て去らねばなりません。

**⑩ give the gist of ～**

The committee wants him to give the gist of what he said.

（= The committee wants him to bring the essential point of his remark to light.）

**⑪ We will summarize what we have discussed so far.**

**⑫ Let us recapitulate the point.**

**⑬ Here lies the kernel of the matter.**

**⑭ express / extend one's thanks to 人 for 事**

We would like to extend our thanks to Mr. Naisbitt for his hospitality.

**⑮ offer / tender 人 congratulations**

We sincerely offer you congratulations on your success.

**❶ as far as circumstances permit**

Research Section will offer you funds as far as circumstances permit.

**❷ for many reasons combined**

For many reasons combined we can no longer practice biopsy.

**❸ for some unavoidable reasons**

For some unavoidable reasons Project X has been dissolved.

**❹ for some inexpressible reasons**

For some inexpressible reasons we have to scrap the experimental model Z.

❺こうなったのは色々と事情があるのです。

........................................................................................

❻これは周囲の事情から止むを得ないと考えなければなりません。


........................................................................................

❼いかなる事情があっても嘘は許されません。

........................................................................................

### 3．意見について述べる

❶人の意見に賛成する

　私はついに、その患者には人工心臓が必要であるという、スミス博士の意見に賛成しました。

........................................................................................

❷人の意見を支持する

　私は、ガンの生成過程についての新たな洞察に基づけば、魔法の薬を容易に見つけることができるのだという、彼の見解を支持することができるとは思いません。

........................................................................................

❸人の意見に雷同する

　我々は、普及しているいかなる意見にも雷同する必要はありません。

........................................................................................

❹人の意見になし崩し的に従う

　彼らはその意見になし崩し的に従った。

........................................................................................

❺意見を改める

　我々は意見を改めなければなりません。

........................................................................................

❻意見をひるがえす

　彼はただ、非加熱処理の輸血が安全であるという意見に対する肯定的見解を、ひるがえすことができなかったのです。

........................................................................................

郵 便 は が き

162-8790

料金受取人払

牛込局承認

3278

差出有効期間
平成17年9月
30日まで
（切手不要）

東京都新宿区
岩戸町12 レベッカビル
ベレ出版
　　読者カード係 行

◇注 文 書◇

小社図書のご注文はお近くの書店さんへ 店頭にない場
合は、注文すると取り寄せてくれます。どうしても入手
できないときは？このはがきでお申し込み下さい。た
だし、送料がかかります（冊数にかかわらず210円）。書
籍代金および送料は商品到着時に配達業者へ直接お支
払い下さい。到着までに4～7日かかります。

| 書名 | 定価 | 円 | 冊 |
|---|---|---|---|
| 書名 | 定価 | 円 | 冊 |
| 書名 | 定価 | 円 | 冊 |

ご住所 〒

お名前　　　　　　　☎　　（　　　）

# 愛読者カード

URL：http://www.beret.co.jp/

お手数ですがこのカードでご意見をお寄せ下さい。貴重な資料として今後の編集の参考にさせていただきます。

■本書のタイトル

| ■お名前 | | ■年齢 | ■性別 |
| --- | --- | --- | --- |
| ■ご住所 〒　　　　　　　TEL | | ■ご職業 | |
| ■Eメールアドレス | | | |

●本書についてのご感想をお聞かせ下さい。

●こんな本がほしい、というご意見がありましたらお聞かせ下さい。

●DM等を希望されない方は○をお書き下さい。

❺ Many circumstances have contributed toward this.

❻ This must be regarded as an inevitable consequence of the circumstances.

❼ No circumstances can justify a lie.

**❶ fall in with a person's opinion**

I finally fell in with Dr. Smith's view that the patient needs an artificial heart.

**❷ support / favor / endorse a person's opinion**

I do not think I can support his view that by using new insights into how cancer develops, we can easily come up with some magic medicine.

**❸ blindly follow a person's opinion**

We do not have to follow any prevailing opinion blindly.

**❹ agree to one's opinion without debating**

They agreed to the opinion without debating.

**❺ modify one's opinion**

We have to modify our former opinion.

**❻ reverse one's view**

He simply could not reverse his positive view regarding the opinion that blood transfusion without heat treatment was safe.

❼意見を固守する

　もし、相手が正しいということがわかったら、彼女は決して意見を固守することはありません。

........................................................................................

❽〜と意見を交わす

　別の職業分野の人々と意見を交わすことは大変意義深いです。


........................................................................................

❾私の意見ではその提案は実行不可能です。

........................................................................................

❿私はまだ意見がまとまっていません。

........................................................................................

⓫それについては別段意見はありません。

........................................................................................

⓬私には意見を述べる資格がありません。

........................................................................................

⓭その点は意見が分かれるところです。


........................................................................................

⓮その点に関しては色々な意見があります。

........................................................................................

⓯意見は人によって異なるものです。

........................................................................................

⓰彼らの意見はぴったり合っています。

........................................................................................

⓱それに関しては意見の対立はほとんどありません。

........................................................................................

⓲その問題については完全に意見が一致しています。

........................................................................................

⓳その事で意見の対立があるはずがないでしょう。

........................................................................................

**❼ hold / stick /stand to one's opinion**

She never sticks to her opinion if her opponent proves to be right.

**❽ exchange / interchange opinions with ～**

It is of great use to exchange opinions with people in a different line of business.

**❾ I am of the opinion that the proposal is not feasible.**

**❿ I have not yet arrived at a definite opinion.**

**⓫ I have no opinion of my own about that.**

**⓬ I am not competent enough to pass an opinion.**

**⓭ Opinion is divided on that question.**

（= They are divided in opinion on that question.）

**⓮ Opinions may differ on that issue.**

**⓯ Opinions may vary from person to person.**

**⓰ Their views coincide.**

**⓱ There is little conflicting opinion about that.**

**⓲ There is but one opinion in regard to the problem.**

**⓳ There can be no two opinions on the matter.**

## 4．「述べ方」に関する表現

❶簡潔に述べましょう。

。。。。。。。。。。。。。。。。。。。。。。。。。。。。。。。。。。。。。。。。。。。。。。。。。。。。。。。。。。。。。。。。。。。。。。。。。。。。。。。。。。。。。。。。。。。。。。。。

❷簡潔に述べましょう。

。。。。。。。。。。。。。。。。。。。。。。。。。。。。。。。。。。。。。。。。。。。。。。。。。。。。。。。。。。。。。。。。。。。。。。。。。。。。。。。。。。。。。。。。。。。。。。。。

❸その全貌を明らかにしましょう。

。。。。。。。。。。。。。。。。。。。。。。。。。。。。。。。。。。。。。。。。。。。。。。。。。。。。。。。。。。。。。。。。。。。。。。。。。。。。。。。。。。。。。。。。。。。。。。。。

❹その状況を詳しく説明します。

。。。。。。。。。。。。。。。。。。。。。。。。。。。。。。。。。。。。。。。。。。。。。。。。。。。。。。。。。。。。。。。。。。。。。。。。。。。。。。。。。。。。。。。。。。。。。。。。

❺その状況の詳しい説明に入ります。

。。。。。。。。。。。。。。。。。。。。。。。。。。。。。。。。。。。。。。。。。。。。。。。。。。。。。。。。。。。。。。。。。。。。。。。。。。。。。。。。。。。。。。。。。。。。。。。。

> レポートに有効な表現「(…について) 詳述する」<～ on >
>  ・ dwell on...
>  ・ enlarge on...
>  ・ elaborate on...
>  ・ dilate on...
>  ・ expatiate on...

## 5．重要なことを述べる

❶時間が私にとっては一番重要です。

。。。。。。。。。。。。。。。。。。。。。。。。。。。。。。。。。。。。。。。。。。。。。。。。。。。。。。。。。。。。。。。。。。。。。。。。。。。。。。。。。。。。。。。。。。。。。。。。

❷販売活動の第一条件は、顧客の満足です。

。。。。。。。。。。。。。。。。。。。。。。。。。。。。。。。。。。。。。。。。。。。。。。。。。。。。。。。。。。。。。。。。。。。。。。。。。。。。。。。。。。。。。。。。。。。。。。。。

❸彼女の述べたことは我々にとって大変意味がある。

。。。。。。。。。。。。。。。。。。。。。。。。。。。。。。。。。。。。。。。。。。。。。。。。。。。。。。。。。。。。。。。。。。。。。。。。。。。。。。。。。。。。。。。。。。。。。。。。

❹彼女は我が社にとって欠かせない存在です。

。。。。。。。。。。。。。。。。。。。。。。。。。。。。。。。。。。。。。。。。。。。。。。。。。。。。。。。。。。。。。。。。。。。。。。。。。。。。。。。。。。。。。。。。。。。。。。。。

❺重要なのはこれからです。

。。。。。。。。。。。。。。。。。。。。。。。。。。。。。。。。。。。。。。。。。。。。。。。。。。。。。。。。。。。。。。。。。。。。。。。。。。。。。。。。。。。。。。。。。。。。。。。。

❶ Let me put it shortly.
　（ ＝ Let me mention it briefly.）

...................................................................................................

❷ I will put it in a nutshell.

...................................................................................................

❸ Let me reveal the whole situation.

...................................................................................................

❹ Let me give a full / circumstantial account of the situation.

...................................................................................................

❺ We will go / enter into particulars of the situation.

...................................................................................................

---

レポートに有効な表現「要約する」と「具体化する」
　「要約する」　　summarize ; epitomize ; digest ; condense ; brief ; sum up ;
　　　　　　　　 give a summing-up
　「具体化する」　concretize ; actualize ; materialize ; embody ; give shape to
　　　　　　　　 ; give a concrete form to

---

❶ Time is the first consideration with me.

...................................................................................................

❷ The first expectation in sales activities is the customer's satisfaction.

...................................................................................................

❸ Her statement means a tremendous amount to us.

...................................................................................................

❹ She is a real treasure to our firm.

...................................................................................................

❺ What is important is yet to come.

...................................................................................................

## 6．追加情報を述べる

❶加えて、

その泉は泳ぐのに十分広く、飲み水としても適しています。

. . . . . . . . . . . . . . . . . . . . . . . . . . . . . . . . . . . . . . . . . . . . . . . . . . . . . . . . . . . . . . . . . . . . . . . . .

❷さらに、

他国の同業者の意見と助言は我々の仕事を正しい方向に向かわせ、さらに組織上の関心も強まりました。

. . . . . . . . . . . . . . . . . . . . . . . . . . . . . . . . . . . . . . . . . . . . . . . . . . . . . . . . . . . . . . . . . . . . . . . . .

❸おまけに、それだけでなく

ここ1年で、デル社はアップル社が伝統的に得意とする分野の1つにおいて、アップル社に挑戦して見事に成功しましたが、それだけでなく、教育用のコンピューター市場においても主導権を握りました。

. . . . . . . . . . . . . . . . . . . . . . . . . . . . . . . . . . . . . . . . . . . . . . . . . . . . . . . . . . . . . . . . . . . . . . . . .

❹ついでながら、偶然

ところで、為替相場のことですが、朝のニュースを聞きましたか。

. . . . . . . . . . . . . . . . . . . . . . . . . . . . . . . . . . . . . . . . . . . . . . . . . . . . . . . . . . . . . . . . . . . . . . . . .

## 7．もう一度同じことを述べる

❶言い換えれば

日本の経済不況は10年近く続いている。言い換えれば、我々にはまだ、いかなる回復の兆しも見えないということです。

. . . . . . . . . . . . . . . . . . . . . . . . . . . . . . . . . . . . . . . . . . . . . . . . . . . . . . . . . . . . . . . . . . . . . . . . .

❷別の言い方をすれば

そのノート型パソコンは、いくつかの特徴の比較を通じて頂点に立ちました。別の言い方をすれば、そのノート型は競合商品よりも、よりたくさんのオプションがあるということです。

. . . . . . . . . . . . . . . . . . . . . . . . . . . . . . . . . . . . . . . . . . . . . . . . . . . . . . . . . . . . . . . . . . . . . . . . .

### ❶ in addition

The fountain is large enough to swim in and, in addition, good enough to drink from.

### ❷ moreover

Opinions and advice from colleagues of other countries made our work go in the right direction, and moreover made institutional interest increase.

### ❸ furthermore

Dell has successfully challenged Apple in one of its traditional strongholds in the past year, furthermore seizing the lead in the educational computer market.

### ❹ incidentally

Incidentally, speaking of exchange rate, did you hear the morning news?

### ❶ in other words

The Japanese economy has been sluggish for nearly a decade. In other words we still do not see any sign of pickup.

### ❷ to put it another way

The book-type computer came out on top in a number of feature comparisons. To put it another way the book type has more options than its rivals.

## 8．一つ一つ列挙して述べる
❶まず
..................................................................................................
❷第2に
..................................................................................................
❸第3に
..................................................................................................
❹最後に

まず、製造業者は製造面での革新においてクリエイティブであらねばなりません。第2に、製造業者は市場においてクリエイティブであらねばなりません。第3に、製造業者は最も効果的に、顧客のニーズを満たすような製品を生み出さねばなりません。最後に、製造業者は競争相手の製造業者が行っていることに関心を持たなければなりません。

..................................................................................................

## 9．比べて述べる
❶一方

日本の経済は不況です。一方、アメリカの経済はとても活気があります。

..................................................................................................

❷〜と比較すれば

その会社は、昨年の200万ドルの収益と比較すれば、今年は800万ドルの損失です。

..................................................................................................

❸〜である一方、〜であるのに

ある人々はHIVの反応が陽性である一方、ある人々はそうではありません。

..................................................................................................

## 10．例を挙げて述べる
❶例えば

もし200万ドル持っていたら、あなたはどこに投資しますか。

..................................................................................................

**❶ first**

**❷ secondly**

**❸ thirdly**

**❹ finally**

First a manufacturer has to be creative in product innovation. Secondly it has to be creative in marketing. Thirdly it must produce goods that serve the customers' needs in the most efficient way. Finally it should be worried about what its rival manufacturers are doing.

**❶ on the other hand**

Japan's economy has been inactive. On the other hand America's economy has been very active.

**❷ in contrast with ~**

The company has lost $8 million this year in contrast with a profit of $2 million last year.

**❸ whereas ~**

Some people are HIV positive, whereas some are not.

**❶ for example/ instance**

Where would you invest your money if you had $2 million?

**❷〜を具体的に述べる**

ピーター博士の言葉を引用してその事件（症例）を具体的に述べます。

......................................................................................

**❸実例として**

実例として、彼の著作の１つを引用します。

......................................................................................

## 11. 理由を述べる

**❶〜なので**

彼らは"持たざる者"なので戦争に参加しました。

......................................................................................

**❷〜なので**

ヘレニック・トレード社が繁栄しているのは、中国において大きな市場を持っているからです。

囲since は現在完了（have ＋過去分詞）の文の中で用いると「〜以来」の意味。

......................................................................................

**❸〜なので**

インドはアジアのシリコンバレーなので、莫大なお金がインドに投資されています。

囲as は「〜するとき」「〜するにつれて」「〜するように」等の意味もある。

......................................................................................

## 12. 理由について述べる

**❶ちゃんとした理由があってそうしました。**

......................................................................................

**❷それは苦しい言い訳です。**

......................................................................................

**❸最近の国家間の戦争はたいていの場合経済的理由で起こっています。**

......................................................................................

**❷ let me illustrate ～**

Let me illustrate the case by citing Dr. Peter's terms.

**❸ by way of example/ illustration**

Let me, by way of illustration, quote from one of his books.

**❶ because ～**

They went into the war because they were a "have-not".

**❷ since ～**

Hellenic Trade is prosperous, since it has a large market in China.

**❸ as ～**

As India is a "silicon valley" in Asia, a huge amount of money is being invested there.

**❶** I did so with good reason. （= I had the best of reasons for doing so.）

**❷** That's a lame excuse.

**❸** Nowadays wars between nations are, in most cases, fought on economic grounds.

## 13. 原因を述べる

**❶ ～によって**

食事制限によって、彼は依然としてスリムです。

..............................................................................

**❷ ～によって**

両当事者が約束を破ったことにより、その契約は破棄されました。

..............................................................................

**❸ ～によって**

マネージャーは病気によって、予期されたよりも早く退職しました。

..............................................................................

**❹ ～が原因で**

不良債権が原因で、その銀行は倒産しました。

..............................................................................

**❺ ～のお陰で**

胃カメラの発展のお陰で、外科医は手術前に患者の胃の状態を観察したり写真に撮ったりできます。

..............................................................................

## 14. 原因について述べる

**❶** 原因がなくては結果が生じない。

..............................................................................

**❷** これがそのもめごとの原因です。

..............................................................................

**❶ due to ～**

Due to moderate eating he is still slim.

**❷ owing to ～**

The contract was scrapped owing to the broken promise by both parties.

**❸ on account of ～**

The manager retired earlier than expected on account of his illness.

**❹ by reason of ～**

The bank went bankrupt by reason of bad loans.

**❺ thanks to ～**

Thanks to the development of the gastro camera physicians can see and photograph gastric conditions of a patient before surgery.

**❶** An effect presupposes a cause.

**❷** This is the root cause of the trouble.

---

「コンマ＋ because」の意味

　次の２つの文における because の役割は違います。

　　(a) He cannot attend office today because he has a headache.

　　(b) He cannot attend office today, because his wife telephoned.

　コンマがない場合は直接的原因を、コンマがある場合はそれが言える理由を示します。つまり、(a)では彼が会社に来れない原因が頭痛であることを表し、(b)では彼が会社に来れないと言える理由として奥さんから電話があったことを述べています。奥さんが電話したことが原因で会社を休むわけではありませんね。

❸この誤作動の原因は不明です。

········································································

❹この騒動の原因はただその経営者の無能にあります。

········································································

## 15. 結果を述べる

**❶❷～の結果**

　一連の生体組織検査の結果、そのポリープは悪性でないことが分かりました。

········································································

**❸❹❺当然の成り行きとして**

　当然の成り行きとして、納税者たちは政府による銀行への公的資金導入計画に抗議しました。

········································································

**❻今までの結果から見て**

　今までの結果から見て、我々は円の下方修正は、望まれた結果を生み出さなかったと主張しなければなりません。

········································································

## 16. 結果について述べる

❶試験の結果は明日公表されます。

········································································

❷生活難の結果、こういうことになりました。

········································································

❸この新しい組織は地方労組から発展的に生まれたものです。

········································································

❹この発明は彼の多年の苦心が実を結んだものです。

········································································

❺我々の会社の成功は、たゆまぬ努力の結果です。

········································································

❸ The cause of the malfunction is unknown.

❹ The disturbance is solely due to the incompetence of the manager.


❶ **as a result of ～**
❷ **as a sequel to ～**

As a result of a series of biopsy examinations, it was found that the polyp was not malignant.

❸ **as a natural consequence**
❹ **as a natural course of events**
❺ **as a necessary consequence**

As a natural course of events taxpayers protested against the bank-bailing-out plan by the government.

❻ **in view of the results so far achieved**

In view of the results so far achieved we have to say that devaluation of the Yen has not produced the desired result.


❶ The results of the examination will be published tomorrow.

❷ This is attributed / attributable / ascribable to the high cost of living.

❸ This new organization is an outgrowth of a local union.

❹ This invention is the fruit of his many years of hard application.

❺ The success of our company is the outcome of our continuous efforts.

❻結果として、その部署は郊外に配置転換されました。

・・・・・・・・・・・・・・・・・・・・・・・・・・・・・・・・・・・・・・・・・・・・・・・・・・・・・・・・・・・・・・・・・・・・・・・・・・・・・・・・・・・・・・・・

❼我々がお互いに譲歩した結果、その問題が速やかに解決されました。

・・・・・・・・・・・・・・・・・・・・・・・・・・・・・・・・・・・・・・・・・・・・・・・・・・・・・・・・・・・・・・・・・・・・・・・・・・・・・・・・・・・・・・・・

❽それは意図したことと逆の結果を生み出しました。

・・・・・・・・・・・・・・・・・・・・・・・・・・・・・・・・・・・・・・・・・・・・・・・・・・・・・・・・・・・・・・・・・・・・・・・・・・・・・・・・・・・・・・・・

## 17. 手段を述べる

❶〜することにより

日銀の忠告を実行することにより、日本の銀行のほとんどが上からの命令には忠実でした。

注the Bank of Japan（日本銀行）は BOJ と略せる。

・・・・・・・・・・・・・・・・・・・・・・・・・・・・・・・・・・・・・・・・・・・・・・・・・・・・・・・・・・・・・・・・・・・・・・・・・・・・・・・・・・・・・・・・

❷〜の手段により

行政指導を通じて、外務省の官僚は、他のいつもながらの手段で行った場合よりも大きな権力を行使しました。

・・・・・・・・・・・・・・・・・・・・・・・・・・・・・・・・・・・・・・・・・・・・・・・・・・・・・・・・・・・・・・・・・・・・・・・・・・・・・・・・・・・・・・・・

❸❹❺最後の手段として

彼は、「国際紛争における最後の手段としての軍事力行使は、容認されるべきである」という考えを国連憲章の条項は拒否しないものとして、解釈しました。

・・・・・・・・・・・・・・・・・・・・・・・・・・・・・・・・・・・・・・・・・・・・・・・・・・・・・・・・・・・・・・・・・・・・・・・・・・・・・・・・・・・・・・・・

❻❼何としてでも（是非とも）

総理大臣は、既得権を持つ人たちからどんな異議があろうとも、何としてでも日本の銀行のシステムを再構成すると誓いました。

・・・・・・・・・・・・・・・・・・・・・・・・・・・・・・・・・・・・・・・・・・・・・・・・・・・・・・・・・・・・・・・・・・・・・・・・・・・・・・・・・・・・・・・・

## 18. 手段について述べる

❶そうする以外に手段は考えられません。

・・・・・・・・・・・・・・・・・・・・・・・・・・・・・・・・・・・・・・・・・・・・・・・・・・・・・・・・・・・・・・・・・・・・・・・・・・・・・・・・・・・・・・・・

❻ The outcome was that the section relocated to the suburbs.

❼ Our mutual concession resulted in a speedy settlement of the affair.

❽ It produced a result opposite to what was expected.

❶ **by doing ～**

By taking BOJ advice, most Japanese banks have been obedient to the authorities.

❷ **by means of ～**

By means of administrative guidance, the Foreign Ministry officials exercised greater power than by other more traditional means.

❸ **as a last resort**
❹ **in the last resort**
❺ **as the last measure/ resource**

He has interpreted an article of the UN Charter as not rejecting the idea that use of force is justifiable as the last resort in settling international disputes.

❻ **by any means, fair or foul**
❼ **by hook or by crook**

The prime minister swore to restructure Japanese banking system by hook or by crook, no matter what objections are made by those with vested rights.

❶ I can find no other alternative but to do so.

❷あらゆる手段を探求してみました。

注 avenue に手段の意味がある。

❸目的さえよければ手段を選ばない。

## 19. 目的を述べる

❶〜するために

大臣のスキャンダルを聞くために、一般市民でさえ、大臣に電話をかけたので電話がパンクした。

❷-❻〜する目的で

吉田博士は、コールタールが皮膚ガンの進行と関係があるかどうかを調べる目的で、コールタールをウサギの耳に塗り続けた。

## 20. 目的について述べる

❶国民の福祉が政治の目的です。

❷そのことに触れるのはこのエッセイの目的ではありません。

❷ We have explored every avenue.

❸ The end justifies the means.

❶ **to do ~**

To hear the Ministry's scandal even ordinary citizens jammed ministry phone lines.

❷ **for the purpose of doing ~**
❸ **with an eye to doing ~**
❹ **with a view to doing ~**
❺ **with the view of doing ~**
❻ **with the object of doing ~**

Dr. Yoshida continued to paint the rabbit's ear with coal-tar with a view of seeing whether or not this substance has anything to with the development of skin cancer.

❶ National welfare is an object of politics.

❷ It is beside the purpose of this essay to refer to it.

# ② 提案に関連する表現

## １．疑問に関する表現

❶これが疑問点です。

....................................................................................................

❷それが疑問点です。

....................................................................................................

❸私はそのことについては懐疑的です。

....................................................................................................

❹このプロジェクトが成功するかどうかは疑問です。

....................................................................................................

❺この企画が実行可能かどうかは疑問です。

....................................................................................................

❻それに関しては少しも疑問の余地がない。

....................................................................................................

❼それに関する疑問が氷解しました。

....................................................................................................

## ２．質問に関する表現

❶これは鋭い質問です。

....................................................................................................

❷これは鋭い質問です。

....................................................................................................

❸これは急所を突いた質問です。

....................................................................................................

❹それは意地の悪い質問です。

....................................................................................................

❺質問をしましょう。

....................................................................................................

❻彼らに対して質問をしたいと思います。

....................................................................................................

❼その質問は打ち切りにしましょう。

## Useful Expression ———————————————— 組合せ応用自在

**❶** This is a doubtful point.

...........................................................................................................................................

**❷** That is a moot point.

...........................................................................................................................................

**❸** I am skeptical about it.

...........................................................................................................................................

**❹** It is a question whether this project will be successful.

...........................................................................................................................................

**❺** The feasibility of this plan is problematical.

...........................................................................................................................................

**❻** There is not the slightest shadow of doubt about it.

...........................................................................................................................................

**❼** My doubts about it have been dispelled.

...........................................................................................................................................

**❶** This is a pointed question.

...........................................................................................................................................

**❷** This is a poignant question.

...........................................................................................................................................

**❸** This is a home question.

...........................................................................................................................................

**❹** This is a captious question.

...........................................................................................................................................

**❺** Let me put a question to you.

...........................................................................................................................................

**❻** We would like to address a question to them.

...........................................................................................................................................

**❼** Let me put an end to the question.

❽そのような質問は終わりにしましょう。

❾彼らは私に質問を浴びせかけました。

❿彼らは私に矢継ぎ早に質問しました。

「質問を浴びせる」の表現いろいろ
①目的語に人をとる動詞5つ（Pで始まるのが特徴）
| | |
|---|---|
| pelt | |
| pester | |
| plague | a person with questions |
| pepper | |
| persecute | |

②目的語に質問をとる動詞2つ
| | |
|---|---|
| rain | questions on a person |
| shower | |

## 3．許可に関する表現
❶許可を求めたいと思います。

❷ここで写真を撮るには当局の許可が必要です。

❸我々はこの本の版権を使用することが許可されています。

❹ようやく許可の申請が通りました。

❺課長は、その計画を許可した。

❽ We would like to bring the question to a close.

❾ They fired questions at me.

❿ They fired off a volley of questions at me.

---

「問題を解決する」の表現いろいろ

settle a problem; effect a settlement; resolve an issue; crack a murder case; bring a matter to a settlement; set a question at rest; fix up a problem; clear up a mystery; work out a problem; iron out an issue; arrange an affair amicably

---

❶ We would like to ask for permission.

❷ You must apply to the authorities for permission to take a photograph here.

❸ We are authorized to use the copyright of this book.

❹ At long last, the approval came through.

❺ The section chief gave the go-ahead to our program.

## 4．依頼に関する表現

❶依頼したいことがあります。

.......................................................................................

❷私は目下の状況を皆に説明することを依頼されました。

.......................................................................................

❸我々はその件を彼に依頼します。

.......................................................................................

❹我々はこのプロジェクトを彼に依頼したいと思います。

.......................................................................................

❺我々は、あなたにその交渉を依頼します。

.......................................................................................

❻ご依頼の件は大丈夫です。

.......................................................................................

❼その製造会社は我々にそのソフトウェアのインストールを許可してくれました。

.......................................................................................

## 5．「異見」に関する表現

❶私の意見は以前に述べた意見とは異なっております。

.......................................................................................

❷私の考えは、その経営者の考えとは異なります。

.......................................................................................

❸私の見解は殆どの人が持ち合わせているものとは異なります。

.......................................................................................

❹私の見方を明らかにします。

.......................................................................................

## 6．事実に関する表現

❶事実と意見は区別しなければなりません。

.......................................................................................

❷これは明らかな事実です。

.......................................................................................

❸これは動かすべからざる事実です。

.......................................................................................

❶ I have a favor to ask of you.

❷ I was called upon to explain to everybody the situation at issue.

❸ We would like to place the matter in his hands.

❹ I would like to leave this project to his charge.

❺ We will entrust you with the negotiation.

❻ Your affair is safe in my hands.

❼ The manufacturing company gave me a commission for installing the software.

❶ My opinion is different from the one mentioned previously.

❷ My idea differs from what the manager thinks of.

❸ My view differs from the view shared among most people.

❹ Let me clarify my viewpoint.

❶ We should differentiate facts from opinions.

❷ This is a broad / palpable fact.

❸ This is an established / accomplished fact.

❹我々が直面しているのは厳然たる事実です。

　　注facing us が主語（a solid fact）と入れ代わり、強意の文になっています。

‥‥‥‥‥‥‥‥‥‥‥‥‥‥‥‥‥‥‥‥‥‥‥‥‥‥‥‥‥‥‥‥‥‥‥‥‥‥‥‥‥

❺事実を曲げないで下さい。

‥‥‥‥‥‥‥‥‥‥‥‥‥‥‥‥‥‥‥‥‥‥‥‥‥‥‥‥‥‥‥‥‥‥‥‥‥‥‥‥‥

❻事実を曲げることは勧められません（＝よくありません）。

‥‥‥‥‥‥‥‥‥‥‥‥‥‥‥‥‥‥‥‥‥‥‥‥‥‥‥‥‥‥‥‥‥‥‥‥‥‥‥‥‥

❼私が心配していたことが事実となりました。

‥‥‥‥‥‥‥‥‥‥‥‥‥‥‥‥‥‥‥‥‥‥‥‥‥‥‥‥‥‥‥‥‥‥‥‥‥‥‥‥‥

❽その報告は著しく事実と異なっています。

‥‥‥‥‥‥‥‥‥‥‥‥‥‥‥‥‥‥‥‥‥‥‥‥‥‥‥‥‥‥‥‥‥‥‥‥‥‥‥‥‥

## 7．提案に関する表現

❶この機会に１つ提案をさせていただきます。

‥‥‥‥‥‥‥‥‥‥‥‥‥‥‥‥‥‥‥‥‥‥‥‥‥‥‥‥‥‥‥‥‥‥‥‥‥‥‥‥‥

❷これに関しては、私の提案は次の通りです。

‥‥‥‥‥‥‥‥‥‥‥‥‥‥‥‥‥‥‥‥‥‥‥‥‥‥‥‥‥‥‥‥‥‥‥‥‥‥‥‥‥

❸その提案は満場一致で通過しました。

‥‥‥‥‥‥‥‥‥‥‥‥‥‥‥‥‥‥‥‥‥‥‥‥‥‥‥‥‥‥‥‥‥‥‥‥‥‥‥‥‥

❹その提案は大多数の人によって否決されました。

‥‥‥‥‥‥‥‥‥‥‥‥‥‥‥‥‥‥‥‥‥‥‥‥‥‥‥‥‥‥‥‥‥‥‥‥‥‥‥‥‥

❺その提案は失敗に終わりました。

‥‥‥‥‥‥‥‥‥‥‥‥‥‥‥‥‥‥‥‥‥‥‥‥‥‥‥‥‥‥‥‥‥‥‥‥‥‥‥‥‥

## 8．図表で提案する

❶次の図を示して、我々の提案を説明しましょう。

　　注proposition に口語で「人」の意味がある。He is a tough ～.（手強い相手だ）

‥‥‥‥‥‥‥‥‥‥‥‥‥‥‥‥‥‥‥‥‥‥‥‥‥‥‥‥‥‥‥‥‥‥‥‥‥‥‥‥‥

❷問題点を列挙しながら、私の意図を系統立てて述べましょう。

‥‥‥‥‥‥‥‥‥‥‥‥‥‥‥‥‥‥‥‥‥‥‥‥‥‥‥‥‥‥‥‥‥‥‥‥‥‥‥‥‥

❸関係する円グラフを示しましょう。

‥‥‥‥‥‥‥‥‥‥‥‥‥‥‥‥‥‥‥‥‥‥‥‥‥‥‥‥‥‥‥‥‥‥‥‥‥‥‥‥‥

❹棒グラフで説明しましょう。

‥‥‥‥‥‥‥‥‥‥‥‥‥‥‥‥‥‥‥‥‥‥‥‥‥‥‥‥‥‥‥‥‥‥‥‥‥‥‥‥‥

❹ Facing us is a solid fact.

❺ Don't falsify facts.

❻ It is not advisable to distort / pervert the truth.

❼ My apprehensions were realized.

❽ The report is seriously out of accord with the actual facts.

❶ Let us take this opportunity to make a suggestion.

❷ As for this, my suggestion is as follows:

❸ The proposal was carried by a unanimous vote.

❹ The proposal was defected by a large majority.

❺ The proposal fell through.

❶ Let us describe our proposition by showing the following chart.

❷ I would like to enunciate my intentions by itemizing points at issue.

❸ We will show the related pie chart.

❹ Let us explain it by a bar graph.

❺折れ線グラフで説明しましょう。

.............................................................................

## 9．提案の理由を示す

❶この提案をさせていただく理由は、その問題解決が急務だからです。


.............................................................................

❷この提案により問題は解決します。

.............................................................................

❸この提案により、最も効果的に仕事を促進できます。

.............................................................................

❹私の提案は、仕事の効率を確実に高めます。

.............................................................................

❺ We will illustrate it by a line graph.

❶ The reason I present this proposition is that it is urgent to solve the problem.

❷ This suggestion should bring the matter to a settlement.

❸ This proposal will make us facilitate our job most effectively.

❹ My plan will definitely enhance the efficiency of the job.

# ③ 強調に関連する表現

## 1. 強意の形容詞と副詞を用いる（serious, great, awful, excessively）

❶それは大変な結果をもたらすでしょう。

..................................................................................

❷その問題は深刻な様相を呈しています。

..................................................................................

❸我々はかなりの金額をその会社に支払いました。

..................................................................................

❹これは大きな経済問題です。

..................................................................................

❺彼はその企画を成功させることに熱中しています。

..................................................................................

❻スタッフの大半が彼の企画を支持していました。

..................................................................................

❼最近、大変な仕事量をこなしています。

..................................................................................

❽部長の耳に入ったら、大騒動になるでしょう。

　　注 manager は状況により、様々な意味を持ちます。意味を列挙すると・・・

　　　経営者、支配人、部長、〈スポーツチームの〉監督、〈芸能人などの〉マネージャー、
　　　〈家計を〉やりくりする人

..................................................................................

❾スタッフは皆間違いをしないよう、ピリピリしています。

..................................................................................

❿その男性は実際のところはどうなのか知りたいと執拗に迫ってきました。

..................................................................................

⓫課長はその厄介な問題を極めていい加減に対処しました。

　　注 chief は状況により、様々な意味を持ちます。意味を列挙すると・・・

　　　課長、係長、〈官職の〉長官、〈部族の〉酋長、元首（the chief of state）

..................................................................................

142

## Useful Expression ——————————————— 組合せ応用自在

❶ That will bring **serious** consequences.

❷ The issue assumes **serious** proportions.

❸ We paid **serious** money to the firm.

❹ This is an economic problem of **great** proportions.

❺ He is **great** at marketing successful plans.

❻ The **great** majority of the staff supported his plan.

❼ I have to deal with an **awful** lot of work these days.

❽ If it comes to our manager's ear, we will get into an **awful** row.

❾ The staff are all **excessively** careful not to make any mistakes.

❿ The man **excessively** demanded to know the actual facts.

⓫ The chief tried to solve the knotty problem **exceedingly** carelessly.

## ２．インパクトのある動詞を用いる

❶物価は本当に高騰しつつあります。

............................................................................

❷その都市の人口は増加の一途です。

............................................................................

❸その計画は我が社にとって裏目に出ました。

............................................................................

❹最重要点を再度確認しておきます。

............................................................................

❺我々の提案の骨子を述べておきます。

............................................................................

❻我々は考えを具体化する必要があります。

............................................................................

## ３．最上級を用いる

❶彼は最も偉大な現代詩人の１人です。

............................................................................

❷全然気にしていません。

............................................................................

❸それは何を意味するのかさっぱり分かりません。

............................................................................

❹彼女はほんの些細なことでムッとします。

............................................................................

❺唯一で最高の解決策はこれです。

............................................................................

❻最も効果的でなおかつ効率的な方法論は次のようになります。

............................................................................

## ４．比喩表現を用いる

❶人の本心を理解する

............................................................................

❷に好かれて／嫌われている

............................................................................

❶ The prices are really skyrocketing.

...........................................................................................

❷ The population of the city has been mushrooming.

...........................................................................................

❸ The plan backfired on our firm.

...........................................................................................

❹ Let us double-check the most important points.

...........................................................................................

❺ Let us skeletonize our proposition.

...........................................................................................

❻ We need to crystallize our ideas.

...........................................................................................


❶ He is one of the greatest modern poets.

...........................................................................................

❷ We do not mind in the slightest.

...........................................................................................

❸ We do not have the slightest idea of what it means.

...........................................................................................

❹ She gets upset at the slightest thing.

...........................................................................................

❺ The only and best solution is this:

...........................................................................................

❻ The most effective and most efficient method is as follows:

...........................................................................................


❶ read someone like a book

...........................................................................................

❷ be in someone's good / bad books

...........................................................................................

❸馬車馬のごとく働く

……………………………………………………………………………………………………

❹馬食する（大食いである）

……………………………………………………………………………………………………

❺ついばむように食べる（小食である）

……………………………………………………………………………………………………

❻鯨飲する（大酒飲みである）

……………………………………………………………………………………………………

❼煙突のごとく吸う（ヘビースモーカーである）

……………………………………………………………………………………………………

❽調子よく進む

その手術は患者の心臓が突然鼓動を止めるまで、調子よく進みました。


……………………………………………………………………………………………………

❾飛ぶように売れる

……………………………………………………………………………………………………

❿瞬く間に広がる

「政府による景気刺激策では、決して日本の経済が再活性化しない」という
噂は瞬く間に広がっています。

……………………………………………………………………………………………………

⓫ぴったりと当てはまる

……………………………………………………………………………………………………

⓬・・・を優しく注意深く扱う

……………………………………………………………………………………………………

⓭・・・をよく知っている

……………………………………………………………………………………………………

⓮場違いに感じる

……………………………………………………………………………………………………

⓯けろっとしている、馬耳東風である

……………………………………………………………………………………………………

**❸ work like a horse**

**❹ eat like a horse**

**❺ eat like a bird**

**❻ drink like a fish**

**❼ smoke like a chimney**

**❽ go like clockwork**

The operation went like clockwork, until suddenly the patient's heart stopped beating.

**❾ sell like hotcakes**

**❿ spread like wildfire**

The rumor that the economic stimulus package by the government will never reinvigorate Japan's economy is spreading like wildfire.

**⓫ fit like a glove**

**⓬ handle … with kid gloves**

**⓭ know … like the palm of one's hand**

**⓮ like a fish out of water**

**⓯ like water off a duck's back**

........................................................................................................

**❶❼すみやかに、うまく**

　　囲The meeting went like a house on fire.　（会合は順調にいった）

........................................................................................................

## 　5．感情表現を用いる

**❶〈―― ly　enough〉型**

**イ．興味深いことに**
　　興味深いことに二重造影法は、しばしば生体組織検査より信頼できます。

**ロ．大変興味深いことに**

**ハ．驚いたことに**
　　驚いたことに、モルヒネ硫酸塩を大量投与されたその患者は、副作用の徴
　　候を見せませんでした。

**ニ．大変驚いたことに**

**ホ．皮肉なことに**
　　皮肉なことに、概して無菌手術は、患者のバクテリアに対する免疫力を低
　　下させる。

........................................................................................................

**❷〈to one's 感情〉型**

**イ．驚いたことに**
　　驚いたことに、彼は全ての原稿を却下した。

**ロ．大変驚いたことに〈surprisingly enough の強意表現〉**
　　大変驚いたことに、彼は決して"イエス"と言わなかった。

⓰ like a cat on a hot tin roof

⓱ like a house on fire

❶ 〈**interestingly enough**〉型

　イ．**interestingly enough**

　　　Interestingly enough, double contrast enema is often more reliable than biopsy.

　ロ．**intriguingly enough**

　ハ．**surprisingly enough**

　　　Surprisingly enough, the patient on a high dosage of morphine sulfate showed no sign of side effects.

　ニ．**astonishingly enough**

　ホ．**ironically enough**

　　　Ironically enough, aseptic surgery weakened the patient's immunity to bacteria in general.

❷ 〈**to one's** 感情〉型

　イ．**to our surprise**

　　　To our surprise, he rejected all manuscripts.

　ロ．**to our astonishment**

　　　To our astonishment, he never said "YES".

ハ．残念なことに

　残念なことに、そのプロジェクトは失敗に終わった。

ニ．うれしいことに

　嬉しいことに、我々はそのプロジェクトから解放された。

---

**副詞を修飾する LY 副詞**

　ly で終わる副詞は殆どが副詞を修飾できません。例えば、「優雅なほどにゆっくりと仕事をした」という表現は次のように訳せないのですよ。

　× The woman did her work elegantly slowly.

ところが、あるタイプの副詞（＝強意の副詞）だけが副詞を修飾できます。

　○ The woman did her work awfully slowly.

　このような副詞は皆「非常に、過度に、極端に」の意味を持ちます。他に重要な副詞を挙げておきましょう。

　extremely; excessively; exceedingly; extraordinarily（以上 4 つの ex 語）

　terribly; horribly; fearfully（以上「恐ろしく」の意味を持つ）

　tremendously; stupendously; staggeringly

### ハ. to our regret

To our regret, the project was a failure.

### ニ. to our delight

To our delight, we were released from the project.

レポートに有効な表現　「〜なことは」＜ what 〜　is...＞
- What is interesting is　　　　　　（興味深いことは...）
- What is noteworthy is　　　　　　（特筆すべきことは...）
- What we should do is　　　　　　（我々の義務は...）
- What we can do is　　　　　　　（我々の権利は...）
- What we have to say is　　　　　（建前は...）
- What I really think is　　　　　　（本音は...）
- What I really want to mention here is　（ここで述べておきたいのは...）

## 6. SVOC で強調する

❶比較すれば全て明らかになるものです。

...................................................................................

❷集中すれば全てうまくいくものです。

...................................................................................

❸思いやりがあれば皆がうまく働けるものです。

...................................................................................

❹リラックスしているとよい考えが浮かぶものです。

...................................................................................

## 7. 短いユニークな文で強調する

❶ここのところで、声を大にして「違うよ」と言いたい。

...................................................................................

❷ここのところが大きな疑問です。

...................................................................................

---

レポートに有効な表現「簡単に言えば」< in ~>
- ・in short
- ・in a word
- ・in a few words
- ・in brief

---

## 8. 気の利いた表現で強調する

❶~の研究はまだ初期の段階にあります。

...................................................................................

❷この研究は~への扉を開くでしょう（=~を解明することになるでしょう）。

...................................................................................

❸この研究は~に新生面を開くでしょう。

...................................................................................

❹我々の主張を擁護する証拠がもう1つ~（の分野）にあります。

...................................................................................

❶ Comparison makes everything clear.

...........................................................................................

❷ Concentration makes everything work well.

...........................................................................................

❸ Consideration makes everyone work better.

...........................................................................................

❹ Relaxation helps us to hit upon a good idea.

...........................................................................................

❶ This is a big BUT.

...........................................................................................

❷ This is really a question mark.

...........................................................................................

レポートに有効な表現「要するに」＜ The ～ is...＞
・ The point is that
・ The thing is that
・ The upshot is that
・ The long and short of it is that

❶ Research on ～ is still in its infancy.

...........................................................................................

❷ This approach opens the door to ～.

...........................................................................................

❸ This investigation breaks new ground in ～.

...........................................................................................

❹ Another piece of evidence in favor of our claim comes from ～.

...........................................................................................

❺〜の典型的な例に一歩踏み込みましょう。

❻明らかなことですが、AとBには完全な並行性があります。

❺ Let us walk through a typical example of 〜.

❻ As is obvious, there is a complete parallelism between A and B.

---

proportion の意味は「プロポーション」だけではない

The situation assumes alarming ／ menacing proportions.

（事態は恐ろしい様相を呈している。）

Only a small proportion of the staff agreed with the plan.

（スタッフのうちで、ほんの少数の者がその計画に賛成した。）

He left an art collection of considerable proportions.

（彼は莫大な美術コレクションを残した。）

# ④ もう一歩進んだ状況での表現

## 1．レポートの最初における一歩進んだ英語表現

（このレポートの動機を示す）

❶この著作のきっかけは・・・。

　この著作を著すきっかけとなったのは、お互いに関連する疑問が３つあったからである。

················································································

（ある状況がもたらすものを示す）

❷この状況がもたらしたものは・・・。

　この状況がもたらしたものは、２つの直接的な問題である。

················································································

（ある研究がどういうものであるのかを示す）

❸〜に対する有益な研究の多くは・・・である。

　その機能に対する有益な研究の多くがまた理解しがたいものである。

················································································

（あることに対する洞察がおこる源泉を示す）

❹〜に対する洞察の大半は・・・に由来している。

　日本の社会情勢が将来どのように変化するかということに対する洞察の大半は、最近のいじめ問題に対して我々が独自に抱いていた心配事に由来している。

················································································

（時系列に述べることを示す）

❺時系列に

　状況を時系列に述べよう。

················································································

## Useful Expression ——————————組合せ応用自在

❶ **This work is motivated by** ….

This work is motivated by three related questions.

⸻

❷ **This situation brought about** ….

This situation brought about two immediate problems.

⸻

❸ **Much of the fruitful inquiry into ～ is** ….

Much of the fruitful inquiry into how it functions is still hard to understand.

⸻

❹ **A good deal of insight into ～ derives from** ….

A good deal of insight into how social situations in Japan will change in the future derives from our original concerns about the current problem of bullying.

⸻

❺ **in chronological order**

Let us mention the situations in chronological order.

⸻

（必要性を述べる）

❶・・・することが我々の真の義務だ。

　私は彼らが実際に我々に望んでいることを探ることが我々の真の義務だと思う。

・・・・・・・・・・・・・・・・・・・・・・・・・・・・・・・・・・・・・・・・・・・・・・・・・・・・・・・・・・・・・・・・・・・・・・・・・・・・・・・・・・・・・・・・・・・・・・・・・・・・・・・・・・・・・・・・・・・・・・・・・・・・・・・・・・・・

（あることを可能にするものについて述べる）

❷これを可能にするのは・・・である。

　それを可能にするのは、組織を合理化する我々の努力である。

・・・・・・・・・・・・・・・・・・・・・・・・・・・・・・・・・・・・・・・・・・・・・・・・・・・・・・・・・・・・・・・・・・・・・・・・・・・・・・・・・・・・・・・・・・・・・・・・・・・・・・・・・・・・・・・・・・・・・・・・・・・・・・・・・・・・

（あることをするのに障害になるものを述べる）

❸〜に対する最大の障害は・・・である。

　我々の計画に対する最大の障害はいかにうまくスタッフを削減するかということだ。

・・・・・・・・・・・・・・・・・・・・・・・・・・・・・・・・・・・・・・・・・・・・・・・・・・・・・・・・・・・・・・・・・・・・・・・・・・・・・・・・・・・・・・・・・・・・・・・・・・・・・・・・・・・・・・・・・・・・・・・・・・・・・・・・・・・・

（あることを進めるのに難しい点を述べる）

❹困難な点は・・・である。

　困難な点は、全てを明らかにするために最初に述べるべきことは何かという点だ。

・・・・・・・・・・・・・・・・・・・・・・・・・・・・・・・・・・・・・・・・・・・・・・・・・・・・・・・・・・・・・・・・・・・・・・・・・・・・・・・・・・・・・・・・・・・・・・・・・・・・・・・・・・・・・・・・・・・・・・・・・・・・・・・・・・・・

（可能性がないことを述べる）

❺・・・という可能性は除外できる。

　この出来事によってそのようなことが起こる可能性は除外できる。

・・・・・・・・・・・・・・・・・・・・・・・・・・・・・・・・・・・・・・・・・・・・・・・・・・・・・・・・・・・・・・・・・・・・・・・・・・・・・・・・・・・・・・・・・・・・・・・・・・・・・・・・・・・・・・・・・・・・・・・・・・・・・・・・・・・・

（あることが言えないことを述べる）

❻いつそれが起こるかは誰も言えない。

・・・・・・・・・・・・・・・・・・・・・・・・・・・・・・・・・・・・・・・・・・・・・・・・・・・・・・・・・・・・・・・・・・・・・・・・・・・・・・・・・・・・・・・・・・・・・・・・・・・・・・・・・・・・・・・・・・・・・・・・・・・・・・・・・・・・

**❶ It is really incumbent on us to do ….**

I think it is really incumbent on us to find out what they actually want us to do.

**❷ What makes this possible is ….**

What makes this possible is our efforts to streamline the organization.

**❸ The biggest obstacle to 〜 is ….**

The biggest obstacle to our plan is how to downsize our staff successfully.

**❹ The tough part is ….**

The tough part is what I should mention first to make everything clear.

**❺ We can rule out the possibility that ….**

We can rule out the possibility that such a thing will be caused by this incident.

注 incident, accident, disaster の順に事態が深刻になる。

❻ No one can safely say when that will ever happen.

（未来への期待を述べる）

❼不良債権についての不安要素の多くが抜本的方策により解消されるであろう。

……………………………………………………………………………………………

（将来の予想を述べる）

❽将来は競争がより激しくなる見込みがある。

……………………………………………………………………………………………

（自らの体験を述べる）

❾私はその会社が新しいものを生み出すためにいかに様々なものを組み合わせてきたかを常に見ることが可能であった。

……………………………………………………………………………………………

## 3．例に関することを述べる

（例が多いことを示す）

❶そのシステムの数々の失敗の証拠となる例は数多い。

……………………………………………………………………………………………

（一般化に対する例外を示す）

❷その一般化には１つだけ大きな例外がある。

……………………………………………………………………………………………

（結論の中で例外の事象を示す）

❸最後のパラグラフにある結論における唯一の例外は次の通りである。

……………………………………………………………………………………………

（具体例がある事実を明らかにすることを示す）

❹この例は皆がそのプロジェクトに魅力を感じている事実を如実に表している。

……………………………………………………………………………………………

（ほんの一例であることを述べる）

❺これは恐らく氷山の一角であろう。

……………………………………………………………………………………………

❼ A lot of the uncertainty about the bad debt will dissipate thanks to drastic measures.

................................................................................

❽ In the future, the competition will likely get even stiffer.

................................................................................

❾ I've always been able to see how the company has combined different things to make something new.

................................................................................

❶ There are numerous examples that provide evidence of the failures of the system.

................................................................................

❷ There is one major exception to the generalization.

................................................................................

❸ The only exception to the conclusions of the last paragraph is as follows:

................................................................................

❹ This example illustrates the fact that everybody is attracted to the project.

................................................................................

❺ This is probably just the tip of the iceberg.

................................................................................

（同じ結論が他のケースにも役だつことを示す）

❻同じ結論が他の場合においても当てはまる。

・・・・・・・・・・・・・・・・・・・・・・・・・・・・・・・・・・・・・・・・・・・・・・・・・・・・・・・・・・・・・・・・・・・・・・・・・・・・・・・

（反対のケースがあることを示す）

❼全く反対のケースを論じよう。

・・・・・・・・・・・・・・・・・・・・・・・・・・・・・・・・・・・・・・・・・・・・・・・・・・・・・・・・・・・・・・・・・・・・・・・・・・・・・・・

（中間的なケースがあることを示す）

❽中間的なケースも多く見受けられる。

・・・・・・・・・・・・・・・・・・・・・・・・・・・・・・・・・・・・・・・・・・・・・・・・・・・・・・・・・・・・・・・・・・・・・・・・・・・・・・・

## 4．議論とその展開に関する表現

（議論を急がなければならないことを示す）

❶その件に関してすぐに議論に入るべきです。

❷その件に関してはぐずぐずしているわけにはいかない。

・・・・・・・・・・・・・・・・・・・・・・・・・・・・・・・・・・・・・・・・・・・・・・・・・・・・・・・・・・・・・・・・・・・・・・・・・・・・・・・

（議論の途中で何かを確認させる）

❸その問題に対する解決策は十分ではない点に注意しよう。

❹この原理は多くの場合に当てはまることを思い出そう。

・・・・・・・・・・・・・・・・・・・・・・・・・・・・・・・・・・・・・・・・・・・・・・・・・・・・・・・・・・・・・・・・・・・・・・・・・・・・・・・

（自明の事としてあることを仮定する）

❺その規則が全てのケースに当てはまるものと仮定してみよう。

・・・・・・・・・・・・・・・・・・・・・・・・・・・・・・・・・・・・・・・・・・・・・・・・・・・・・・・・・・・・・・・・・・・・・・・・・・・・・・・

（暗黙にあることを仮定していたことを示す）

❻私はその見解が甘いということを暗黙に想定してきた。

・・・・・・・・・・・・・・・・・・・・・・・・・・・・・・・・・・・・・・・・・・・・・・・・・・・・・・・・・・・・・・・・・・・・・・・・・・・・・・・

（反論に対処することを述べる）

❼次の反論について考察する。

・・・・・・・・・・・・・・・・・・・・・・・・・・・・・・・・・・・・・・・・・・・・・・・・・・・・・・・・・・・・・・・・・・・・・・・・・・・・・・・

（反証について述べる）

❽その反証について述べることにする。

・・・・・・・・・・・・・・・・・・・・・・・・・・・・・・・・・・・・・・・・・・・・・・・・・・・・・・・・・・・・・・・・・・・・・・・・・・・・・・・

❻ The same conclusions are appropriate in other cases.

❼ Let us move to the opposite extreme.

❽ There are many intermediate cases.

❶ We should quickly enter into discussion on the matter.
❷ We need not tarry on that matter.

❸ Note that the solution to the problem is not sufficient.
❹ Recall that this principle holds good in many cases.

❺ Let us postulate that the rule applies to all cases.

❻ I have been tacitly assuming the second view to be illogical.

❼ Consider the following counterargument.

❽ Let us turn to the counterevidence.

**（考慮しないといけないことを示す）**

❾我々は2つのケースについて考えなければならない。

................................................................................

**（注目に値する証拠を発見したことを示す）**

❿我々は注目に値する証拠を見つけた。

　　注「注目に値する」は note-worthy（=worthy of note）とも言える。

⓫その政策がうまくいくと推測できるしっかりとした理由がある。

................................................................................

**（証拠を検討すればある理論が言えることを示す）**

⓬その証拠を検討すると新しい理論を仮定することができた。


................................................................................

**（分析をしていると分かることを示す）**

⓭その分析によってその機能がはっきり分かるようになるだろう。

⓮同じ分析をすることにより、同社の業績不振を予想できた。

⓯同じような分析が、問題となっている争点に対してふさわしい分析であろう。

................................................................................

**（誰も議論していないことを示す）**

⓰誰もまだ、その問題に対する満足のいく解決策を提出していない。

⓱大変重要な技術上の問題についてはまだ何も触れていない。

................................................................................

**（議論しても無意味であることを示す）**

⓲その計画に対して反対意見を述べても意味がない。


................................................................................

**（議論が幾つかあることを示す）**

⓳議論に2つの方向性がある。

⓴別の推論が可能である。

................................................................................

**（議論が素直であることを示す）**

㉑先の議論はありのままの気持ちを表現したものである。

................................................................................

**❾** We have two cases to consider.

........................................................................

**❿** We have found considerable evidence.

**⓫** There are strong reasons to suppose that the policy will work well.

........................................................................

**⓬** The evidence reviewed so far has led us to postulate a new theory.
　　注 名詞用法の a postulate that...の形は「...という仮定、基礎条件」の意味。

........................................................................

**⓭** The analysis will bring us to the clear understanding of how it works.
**⓮** The same analysis predicted their poor business showing.
**⓯** The same kind of analysis seems appropriate for the issue in question.

........................................................................

**⓰** Nobody has yet presented a satisfying solution to the problem.
**⓱** Nothing has yet been said about the most important technical problem.

........................................................................

**⓲** It is meaningless to argue against the plan.
　　注 argue は自説を一方的に主張する含みがある。discuss より非友好的である。

........................................................................

**⓳** There are two lines of argument.
**⓴** There is a different line of reasoning.

........................................................................

**㉑** The earlier discussion is unaffected / frank / candid.

........................................................................

（推論が暗示することを示す）

❷これのような推論は商売の見通しが暗いということを暗示している。


（直接予想できることを示す）

❷直接予想できることは、携帯電話市場のにわか景気はすぐに峠を越すだろうということである。

（一時的に仮定できることを示す）

❷日本語は SOV 型言語に分類されるものであるととりあえず仮定できる。


（基本に立ち戻ることを示す）

❷ロボット工学の基本概念を再検討する。

（ある結論が別のことに一致することを示す）

❷これらの結論は我々の前回の調査と矛盾しないようである。

（視点が多いことを示す）

❷言語とその使用については実に様々な視点から研究されてきた。

（視点を変えると話が広がることを示す）

❷視点を変えると幅広い議論の展開が可能になるものである。

注consequence は「（議論などの）結論、帰結」の意味を持つ。他に「（必然の）結果」「重要性」の意味もあるので注意。


## 5．問題に関係する表現

（更なる問題が生じることを示す）

❶この時点で更なる問題が生じる。

❷詳しく調べてみると少なくとも 3 つの問題が生じる。

❷ This line of reasoning suggests that business prospects are discouraging / gloomy.

．．．．．．．．．．．．．．．．．．．．．．．．．．．．．．．．．．．．．．．．．．．．．．．．．．．．．．．．．．．．．．．．．．．．．．．．．．．．．．．．．．．．

❷ The direct prediction is that the boom in the cell phone market will pass its peak soon.

．．．．．．．．．．．．．．．．．．．．．．．．．．．．．．．．．．．．．．．．．．．．．．．．．．．．．．．．．．．．．．．．．．．．．．．．．．．．．．．．．．．．

❷ We may tentatively assume that Japanese falls under the SOV-type language.

．．．．．．．．．．．．．．．．．．．．．．．．．．．．．．．．．．．．．．．．．．．．．．．．．．．．．．．．．．．．．．．．．．．．．．．．．．．．．．．．．．．．

❷ Let us review the basic notions of robotics.

．．．．．．．．．．．．．．．．．．．．．．．．．．．．．．．．．．．．．．．．．．．．．．．．．．．．．．．．．．．．．．．．．．．．．．．．．．．．．．．．．．．．

❷ These conclusions appear to accord with our previous investigation.

．．．．．．．．．．．．．．．．．．．．．．．．．．．．．．．．．．．．．．．．．．．．．．．．．．．．．．．．．．．．．．．．．．．．．．．．．．．．．．．．．．．．

❷ Language and its use have been studied from varied points of view.

．．．．．．．．．．．．．．．．．．．．．．．．．．．．．．．．．．．．．．．．．．．．．．．．．．．．．．．．．．．．．．．．．．．．．．．．．．．．．．．．．．．．

❷ The shift of perspective has broader consequences.

．．．．．．．．．．．．．．．．．．．．．．．．．．．．．．．．．．．．．．．．．．．．．．．．．．．．．．．．．．．．．．．．．．．．．．．．．．．．．．．．．．．．

❶ At this point, further questions still arise.
❷ At least three different problems emerge on closer inspection.

．．．．．．．．．．．．．．．．．．．．．．．．．．．．．．．．．．．．．．．．．．．．．．．．．．．．．．．．．．．．．．．．．．．．．．．．．．．．．．．．．．．．

（起こってくる問題についてコメントする）
❸起こってくる問題は実に興味深い。.
❹起こってくる問題は多種多様で複雑である。

・・・・・・・・・・・・・・・・・・・・・・・・・・・・・・・・・・・・・・・・・・・・・・・・・・・・・・・・・・・・・・・・・・・・・・・・・・・・

（見解が完全ではないことを示す）
❺上に述べた見解は大雑把であり、不完全である。

・・・・・・・・・・・・・・・・・・・・・・・・・・・・・・・・・・・・・・・・・・・・・・・・・・・・・・・・・・・・・・・・・・・・・・・・・・・・

（微妙な問題が生じることを示す）
❻その会社の財政状況に関し、微妙な問題が起こってくる。

・・・・・・・・・・・・・・・・・・・・・・・・・・・・・・・・・・・・・・・・・・・・・・・・・・・・・・・・・・・・・・・・・・・・・・・・・・・・

（起こってくる問題の数を示す）
❼その考え方で2つの問題にぶつかった。
❽これらの観察の結果、3つの明らかな問題が生じている。
　　注observations には「情報、記録、資料、報告、意見、批評」の意味もある。

・・・・・・・・・・・・・・・・・・・・・・・・・・・・・・・・・・・・・・・・・・・・・・・・・・・・・・・・・・・・・・・・・・・・・・・・・・・・

（問題が解消することを示す）
❾その問題はこの枠組みで解消する。

・・・・・・・・・・・・・・・・・・・・・・・・・・・・・・・・・・・・・・・・・・・・・・・・・・・・・・・・・・・・・・・・・・・・・・・・・・・・

（問題を解消しないといけないことを示す）
❿我々は IT 関連株に関する疑問点を解消しなければならない。

・・・・・・・・・・・・・・・・・・・・・・・・・・・・・・・・・・・・・・・・・・・・・・・・・・・・・・・・・・・・・・・・・・・・・・・・・・・・

（問題や議論を避けてきたことを示す）
⓫我々はこれまでその問題を避けてきた。
⓬我々はその小説家の人生観については殆ど述べてこなかった。

・・・・・・・・・・・・・・・・・・・・・・・・・・・・・・・・・・・・・・・・・・・・・・・・・・・・・・・・・・・・・・・・・・・・・・・・・・・・

（問題は周辺的であることを示す）
⓭これまで言及した問題はやや周辺的なものである。

・・・・・・・・・・・・・・・・・・・・・・・・・・・・・・・・・・・・・・・・・・・・・・・・・・・・・・・・・・・・・・・・・・・・・・・・・・・・

❸ The problems that arise are extremely interesting.
❹ The questions that arise are varied and complex.

...................................................................................

❺ The view above is sketchy and incomplete.

...................................................................................

❻ Subtle questions arise as to the financial standing of the firm.

...................................................................................

❼ The idea ran into two problems.
❽ These observations raise three obvious questions.


...................................................................................

❾ The problems unravel in the present framework.

...................................................................................

❿ We have to settle some questions about IT-related stocks.

...................................................................................

⓫ We have so far sidestepped the problem.
⓬ We have so far said little about the novelist's outlook on life.

...................................................................................

⓭ The problem we have so far mentioned is a little peripheral.

...................................................................................

## 6．一歩進んだことを述べる

（かなりの重要性があることを示す）

❶その問題に迅速に注目するべきであるということは極めて重要なことである。

.................................................................................................

（反証を挙げるのは簡単であることを示す）

❷明らかな反証を考え出すことは十分容易なことである。

.................................................................................................

（何か具体的なことに関する必要性を示す）

❸主要な産業上のニーズの1つは新たなEビジネスを生み出すことである。

.................................................................................................

（もう一度最初に述べたことを繰り返す）

❹最初に説明したように、我々の関心はそれをどう効率的に行うかということである。

.................................................................................................

（詳しく分析するとどうなるかを示す）

❺状況をじっくりと分析してみると、我々は問題を明確にすることができる。

.................................................................................................

（枠組みの範囲内で言えることを示す）

❻今概説した枠組みの範囲内で、次のことが言える。

.................................................................................................

（あることに関連して述べる価値があると思われる内容を示す）

❼同じ規則が前に述べた状況にもあてはまるということを、これに関連して述べておく価値があるであろう。

.................................................................................................

（どのように一般的に分類されるかを述べる）

❽付随的に起こってくる問題点は大きく2つに分けられる。

❾日本の庭園は一般的に3つに分類される。築山庭と枯山水および茶庭である。

.................................................................................................

❶ It is of considerable importance that we should pay prompt attention to this matter.

.................................................................................

❷ It is easy enough to come up with apparent counterevidence.

.................................................................................

❸ One of the major industrial needs is to produce a new type of e-business.

.................................................................................

❹ As explained at the outset, our concerns include how to do it efficiently.

.................................................................................

❺ In close analysis of the situation, we can clarify the problem.

.................................................................................

❻ Within the framework just outlined, I can say as follows:

.................................................................................

❼ It is perhaps worth mentioning in this connection that the same rule holds sway over the situation I had commented on earlier.

.................................................................................

❽ The questions that arise accordingly are of two general types.

❾ The Japanese gardens are generally divided into three general classifications : pond and plant type, rock and sand type, and tea-ceremony type.

.................................................................................

（あることをするのに時間がかかることを述べる）

❿その争いを非暴力主義で解決するには長い時間がかかるだろう。

---

### 7．注での表現

❶争点に関する議論については・・・を見よ／参照せよ。

その争点に関する議論については、石井 (1999)［1999 年の石井論文］を見よ。

---

❷・・・という用語はかなり狭義で使用されている。

structure という用語は infrastructure に限られているという点で、かなり狭義に使用されている。

---

❸〜という用語は勿論・・・として理解される。

mike という用語は勿論 microphone として理解される。

---

❹・・・の概念は更なる分析を必要とする。

「デフレ」の概念は更なる分析を必要とする。

---

❺これは誤解を生む表現で・・・。

これは誤解を生む表現で、厳密には避けなければならない。しかし、現在では一般的に使用されているので、当面この用語を利用することにする。

---

### 8．ある変化を示すための表現

（焦点化）

❶技術的な点に焦点を当てるべきである。

❷単純な疑問に焦点を当てよう。

❸さて、よく議論されている問題に注目してみることにする。

❹これまで私は、その標準的な仮定に固執してきた。

❺さらに明確化されないといけない事柄の中に機密費問題がある。

❻その化学物質の特性を明らかにする努力の中で調査されなければならない数々の分野の中で、私はその化学式に焦点を当てる。

---

❿ It will take a long while to resolve the issue nonviolently.

........................................................................................................

❶ **For some discussion on the issue, see / refer to ….**

For some discussion on the issue, see Ishii（1999）.

........................................................................................................

❷ **The term … is too narrow.**

The term *structure* here is too narrow in that it is limited to *infrastructure*.

注infrastructure とは経済基盤（水道・電気・鉄道などの文明社会の基本設備）

........................................................................................................

❸ **The term ～ is, of course, to be understood as ….**

The term *mike* is, of course, to be understood as a microphone.

........................................................................................................

❹ **The notion of … requires further analysis.**

The notion of deflation requires further analysis.

........................................................................................................

❺ **This is a misleading term that ….**

This is a misleading term that should be strictly avoided, but since it is commonly used now, we will employ the term for the time being.

........................................................................................................

❶ A technical point should be focused on.

❷ We will limit attention to a simple question.

❸ We restrict attention now to a frequently discussed matter.

❹ So far I have kept to the standard assumption.

❺ Among the matters still to be clarified is the secret fund.

❻ Of the many specific areas that might be investigated in an effort to clarify the special property of the chemical, I will concentrate on its chemical formula.

........................................................................................................

（発展化）

❼我々はその提案をもう一段進めるとよいだろう。

❽同じ仮説が、自然な形で未解決の問題にも及ぶ。

❾その議論は金融市場に直接及ぶ。

❿その考えはそのまま絶滅危惧種のケースにまで直接及ぶ。

⓫我々は同じ結論を支持する更なる議論に戻ることにする。

........................................................................................................

（複雑化）

⓬これは複雑怪奇でわずかに研究されているに過ぎない争点に発展する。

⓭議論の帰結としては複雑化し、更なる考察に値する。

........................................................................................................

（一般化）

⓮その理論を用いて人間が反応する方法を一般化できる。

⓯一般化を急がないように努めるべきである。

........................................................................................................

## 9．一般論をまず述べる方法

❶過去数十年の間に世界は小さくなってきた。

........................................................................................................

❷技術革新は思いもよらない結果をもたらすことが多いものである。

........................................................................................................

❸IT は記録的な 11 年間のブームが生んだヒーローから不気味に忍び寄る不況の身代わりへと変わり果ててしまった。

........................................................................................................

❹不景気は、多くの企業の勢いを減速させたに違いない。

........................................................................................................

❺インターネットは相手が自分の正体を知ることなく、人とのコミュニケーションを程よく期待できる媒介物として知られてきている。

　注reasonably に「程よく」の意味がある。

　参考： The party was a reasonable success.（パーティはまず成功だった。）

........................................................................................................

❼ We might carry the proposals a step further.

❽ The same hypothesis extends naturally to the problem left unsolved.

❾ The argument extends directly to the money market.

❿ The idea straightforwardly extends itself to the case of endangered species.

⓫ We will return to some further support for the same conclusion.

⓬ This leads into a thicket of complex and only partly explored issues.

⓭ The consequences ramify, and merit further thought.

⓮ We can safely generalize the way humans react by using the theory.

⓯ We should try to avoid making a hasty generalization.

❶ The world has become a smaller place in the past few decades.

❷ Technological innovations often produce unexpected results.

❸ Information technology has gone from being a hero with a record-setting 11-year boom to being scapegoat for a looming recession.

❹ The economic slump must have put the brakes on a lot of businesses.

❺ The Internet is becoming known as a medium in which you can reasonably expect to communicate with another person without the other party knowing your real identity.

❻我々は製品の期待された効果と実際の効果の差を計る必要がある。

........................................................................

❼過去 10 年間殆ど変化はない。

........................................................................

## 10. 一般原則を述べる

❶規則というものは徐々に変化するものである。

........................................................................

❷理想と現実は常に大きく異なっているものだ。

........................................................................

## 11. 文章のスタイルについての説明をする

（強調している部分を説明する）

❶斜体字の箇所はミルトンからの引用を示している。

❷下線部は私が強調したい箇所です。

........................................................................

（省略を示す）

❸その状況の細かい説明はここでは省略する。

❹彼の名前を名簿に入れないことにする。

　　注 作成済みの名簿から「削除する」という意味の英語は、eliminate, delete, erase である。

........................................................................

## 12. 形容詞をうまく使う

❶「（真理などが）動かしがたい、（状況などが）厳しい、（決心などが）不屈の」
　厳しい統計上の現実にもかかわらず、2000 年は人権において画期的な進展
　があった。

........................................................................

❷「散発的な、あちこちで起こる」
　その問題について各地で議論が巻き起こっている。

........................................................................

❸「（理由・議論・事実などが）根拠のある、確固たる」
　その会社が信頼できないと考えるかなり強固な根拠が存在する。

........................................................................

❻ We need to gauge the differential between a product's expected effects and its actual effects.

❼ Little has changed in the past 10 years.

❶ Rules may be gradually changing.

❷ There is always a wide gap between ideal and reality.

❶ The italicized parts are quotations from Milton.
❷ The underlined parts are what I want to stress.

❸ Omitted here are the detailed explanations of the situation.
❹ I omit his name from the roster.

❶ **GRIM**

Despite the grim statistics, the year 2000 saw some human rights breakthroughs.

❷ **SPORADIC**

There have been sporadic outbursts of debate on the issue.

❸ **SOLID**

There are fairly solid grounds for assuming the firm to be unreliable.

## 13. 条件節を用いた有効表現

❶これまで略述した推論が正しければ・・・。

・・・・・・・・・・・・・・・・・・・・・・・・・・・・・・・・・・・・・・・・・・・・・・・・・・・・・・・・・・・・・・・・・・・・・・・・・・・・・・・・・・・・・・・・・・・・・

❷これまでの議論が正しいものであれば・・・。

・・・・・・・・・・・・・・・・・・・・・・・・・・・・・・・・・・・・・・・・・・・・・・・・・・・・・・・・・・・・・・・・・・・・・・・・・・・・・・・・・・・・・・・・・・・・・

❸この直感が正しければ・・・。

・・・・・・・・・・・・・・・・・・・・・・・・・・・・・・・・・・・・・・・・・・・・・・・・・・・・・・・・・・・・・・・・・・・・・・・・・・・・・・・・・・・・・・・・・・・・・

## 14. 譲歩節を用いた有効表現

❶未解決の問題が数多いのであるが・・・。

・・・・・・・・・・・・・・・・・・・・・・・・・・・・・・・・・・・・・・・・・・・・・・・・・・・・・・・・・・・・・・・・・・・・・・・・・・・・・・・・・・・・・・・・・・・・・

❷幾分常軌を逸していると一般的にみなされているが・・・。

・・・・・・・・・・・・・・・・・・・・・・・・・・・・・・・・・・・・・・・・・・・・・・・・・・・・・・・・・・・・・・・・・・・・・・・・・・・・・・・・・・・・・・・・・・・・・

## 15. 洒落た表現

❶かなり重要な問題を私は敢えて隠している点に注目してほしい。

・・・・・・・・・・・・・・・・・・・・・・・・・・・・・・・・・・・・・・・・・・・・・・・・・・・・・・・・・・・・・・・・・・・・・・・・・・・・・・・・・・・・・・・・・・・・・

❷新たな奥深さを持った困難で挑戦しがいのある問題がまだ残っている。

・・・・・・・・・・・・・・・・・・・・・・・・・・・・・・・・・・・・・・・・・・・・・・・・・・・・・・・・・・・・・・・・・・・・・・・・・・・・・・・・・・・・・・・・・・・・・

❸この些細に見える間違いが、私にとっては仕事上の大問題となった。

・・・・・・・・・・・・・・・・・・・・・・・・・・・・・・・・・・・・・・・・・・・・・・・・・・・・・・・・・・・・・・・・・・・・・・・・・・・・・・・・・・・・・・・・・・・・・

❹それは、1つだけなら正しいが、組み合わせると問題になるようなケースである。

・・・・・・・・・・・・・・・・・・・・・・・・・・・・・・・・・・・・・・・・・・・・・・・・・・・・・・・・・・・・・・・・・・・・・・・・・・・・・・・・・・・・・・・・・・・・・

## 16. 応用が自在の表現

❶（現在）〜されていないままである

このようなことが起こった理由がまだ説明されていない。

・・・・・・・・・・・・・・・・・・・・・・・・・・・・・・・・・・・・・・・・・・・・・・・・・・・・・・・・・・・・・・・・・・・・・・・・・・・・・・・・・・・・・・・・・・・・・

❷（将来）〜されることになる

これらの事柄については、次章で説明することにする。

・・・・・・・・・・・・・・・・・・・・・・・・・・・・・・・・・・・・・・・・・・・・・・・・・・・・・・・・・・・・・・・・・・・・・・・・・・・・・・・・・・・・・・・・・・・・・

❶ If the reasoning sketched so far is correct,….

❷ If the discussion so far is on the right track,….

❸ If this intuition is accurate,….

❶ Though numerous problems remain unresolved,….

❷ Though generally considered to be somewhat outrageous,….

❶ Notice that I am sweeping questions of considerable significance under the rug / carpet.

❷ We are left with hard and challenging problems of a new order of depth.
注 order に「種類、等級」の意味がある。例：goals of a higher order（高い目標）
a statesman of the first order（第 1 級の政治家）

❸ This seemingly minor error left a great gap in my business life.

❹ It's a case of two rights making a particularly nasty wrong.

❶ **remain un ～ ed**
The reason why this has happened still remains unexplained.

❷ **remain to be ～ ed**
These matters remain to be explained in the next chapter.

❸・・・は依然謎のままである。

何故このようなことが可能なのかは謎である。

❹・・・は～と相関関係がある。

我々の人生観はどのように育てられたかと相関関係がある。

❺・・・でいっぱいである。

処方薬に関わる産業は非効率なことが多すぎる。

❻・・・を利用できる、・・・に出入（面会）することができる

大学生はどの大学の図書館も簡単に利用できるべきである。

❼欠陥・弱点を補う

民営部門は政府が弱い分野において、その弱点を補うべきである。

❽・・・を優先する

与党は経済を活性化するための方策を実行することを優先すると主張してきた。

❾・・・は多種多様である。

その争点については意見が多種多様である（＝百出する）。

❿きつい仕事・作業・課題である

その機能のしくみを説明することは、きつい課題であるといえる。

**❸… remain a mystery.**

The reason why this is possible remains a mystery.

........................................................................................

**❹… have a correlation with ～.**

Our outlook on life has a correlation with the way we have been brought up.

........................................................................................

**❺ rife with …**

The prescription drug industry is rife with inefficiencies.

........................................................................................

**❻ have access to …**

College students should have ready access to the library of any college.

........................................................................................

**❼ fill the gap**

The private sector should fill the gap in areas where the government has been weak.

注fill the gap の fill の代わりに close, stop, bridge, supply が使える。

........................................................................................

**❽ put priority on …**

The ruling parties have maintained that they will put priority on implementing measures to buoy the economy.

........................................................................................

**❾… vary greatly.**

The opinions about the issue vary greatly.

注opinion は「専門家の判断」の意味もあるので注意。a medical opinion (医者の診断)

........................................................................................

**❿ a daunting task**

Explaining just how it functions can be a daunting task.

........................................................................................

# Coffee Time

1

privileged（形）1 特権の　2 特権を持った、などの意味でお馴染みですが、記憶に定着させるためにも語源を少しご紹介しましょう。privus < Latin ＋ legis < Latin から成り立つ単語です。privus ＝ individual ＋ legis ＝ law（個人向けの法律）→「特別待遇」→「特権」へと意味が変遷しました。ところで privus ですが少し発音を変えるとどこかの車メーカーの省エネ車の名前そっくりですね。実際に日本の車のネーミングはラテン語／ギリシャ語からのものが多いのです。

……………………………………………………………………………………………………………

2

「意外な意味」ご存知ですか？

standstill（名詞）を少し分解してみましょう。本来は、stand（動詞）＋ still（形容詞）＝ without movement の組み合わせから出来ています。ところで still のちょっと知られていない意味を用例とともに紹介します。1 Sit still while I take the photo.「写真をとる間動かないで座っていてくれ」2 a still night ＝「静かな夜」3 a still ①「スチール写真」②「静物画」4 still beer「泡の立たないビール」など、意外な意味があります。

……………………………………………………………………………………………………………

◆　英語の学習は語源や単語の意外な意味に関心を持つことにより楽しさが倍増します。自分の書いている文章や、何気なく使っている単語でも新たな角度から眺めてみてください。きっと新しい発見があると思います。またそのように積極的に調べた単語や表現は記憶に定着して忘れないものです。

## 第 4 章

# 英文レポートに
# よく使われる
# 品詞別表現

# The Golden Rule
## for Brush up your writing while adding variety to your expressions!
# Perfect Writing

# ① 重要動詞を用いた表現

## 1．AUTHORIZE ～に権限を与える　正当と認める

❶我々は彼に決定権を与えた。

❷委員会はその企画の予算を正式に認可した。

　注authorize は「正式に認可する」の意味です。

## 2．ACQUIRE ～を取得する　～を習得する

❶その土地は環境を守ることを目的として、多くの人々の支援を得て手に入れた。

❷彼は数年前、その土地の所有権を自分の物にした。

❸その研究者は必要な情報を得ようと努力した。

❹日本人は「仕事中毒」で通っている。

## 3．CHECK ～を確かめる　～を阻止する

❶我々は、新プロジェクトが法的な基準に合っているかどうかを再確認しなければならない。

❷その規制が町への人口の急激な流入を阻止している。

❸私はそのコピーを受領後、すぐ原本と突き合わせてみた。

　（cf）１．その大事故のため、計画は暗礁に乗り上げた。

　　　　２．その商品の品質検査は行われなかった。

## 4．CHARGE ～を請求する　～を非難する

❶政府は輸入牛肉に重税を課している。

❷費用は全額私のつけにしておいて下さい。

❸そのスタッフは彼の失敗を私の経営者としての怠慢にあると非難した。

❹その場面は劇的な緊張に満ちていた。

# 1 Useful Expression ———————————— 組合せ応用自在

❶ We authorized him to decide on that.
❷ The committee authorized the budget for the plan.

⋯⋯⋯⋯⋯⋯⋯⋯⋯⋯⋯⋯⋯⋯⋯⋯⋯⋯⋯⋯⋯⋯⋯⋯⋯⋯⋯⋯⋯⋯⋯⋯⋯⋯⋯⋯⋯

❶ The land was acquired by the support of many people to protect our environment.
❷ He acquired title to the estate a couple of years ago.
❸ The reseachers tried to acquire the information they needed.
❹ The Japanese have acquired the reputation for being "workaholics."

⋯⋯⋯⋯⋯⋯⋯⋯⋯⋯⋯⋯⋯⋯⋯⋯⋯⋯⋯⋯⋯⋯⋯⋯⋯⋯⋯⋯⋯⋯⋯⋯⋯⋯⋯⋯⋯

❶ We have to check again if our new project will come up to the legal standards.
❷ The regulation checks a rapid flow of population into the town.
❸ I checked the photocopy against the original soon after I got it.
　(cf)　1．The serious accident put a check on the plan.
　　　　2．There was no check on the quality of the goods.

⋯⋯⋯⋯⋯⋯⋯⋯⋯⋯⋯⋯⋯⋯⋯⋯⋯⋯⋯⋯⋯⋯⋯⋯⋯⋯⋯⋯⋯⋯⋯⋯⋯⋯⋯⋯⋯

❶ The government charges a heavy tax on imported beef.
❷ Please charge all the expenses to my account.
❸ The staff member charged his failure to my negligence as a manager.
❹ The scene was charged with dramatic tension.

⋯⋯⋯⋯⋯⋯⋯⋯⋯⋯⋯⋯⋯⋯⋯⋯⋯⋯⋯⋯⋯⋯⋯⋯⋯⋯⋯⋯⋯⋯⋯⋯⋯⋯⋯⋯⋯

## 5．COMPLETE　〜を完全にする　〜を終える

❶その提案を完全なものにするには、我々が、加工マニュアルの些細な点を幾つか改訂しなければならないでしょう。

❷我々は、この四半期の終わりまでに会合で提出された全ての提案の評価を行わなければならない。

（cf）その赤字に悩む会社が最近実績が良くなっているのを見て、驚きを隠せない。

## 6．DISTRIBUTE　〜を配布する　〜を分布させる

❶研修マニュアルは木曜日の説明会で配布される。

❷彼らはクラスの子供達に無料で教科書を配布した。

❸その昆虫は広く世界中に分布する。

---

**動名詞を使うか不定詞を使うか?**

動名詞は過去性、完了性を暗示し、不定詞は未来性、未完性を暗示します。だから今まで行っているものを止めたり終わったりする意味の動詞は動名詞と合い、これからのことを意図したり計画したりする意味の動詞は不定詞と仲が良いと言えるのですよ。

動名詞を月いる→ finish doing ; complete doing ; stop doing ; quit doing

不定詞を用いる→ try to do ; intend to do ; plan to do ; hope to do

---

❶ In order to complete the proposal, it will be necessary for us to revise some minor points in our processing manuals.

❷ We have to complete evaluating all the proposals presented at the meeting by the end of this quarter.

（cf） It is a complete surprise to see the deficit-ridden firm making a good showing these days.

---

❶ Training manuals will be distributed at the orientation meeting on Thursday.

❷ They distributed textbooks free to all the children in the class.

❸ The insect is distributed widely throughout the world.

---

**manu-で始まる単語あれこれ**

「研修マニュアル」などのように manu-または mani-で始まる単語はいろいろありますが、多くは「手」に関係します。

manuscript（名）「写本」（手で写したもの）

manipulate（動詞）「操る」（手で操る）

manufacture（動）「製作する」（もともとは手で作る）

manual（名）「案内書」（手引きをするから）「鍵盤」（手で触るから）

## 7．EMBRACE　（主義などを）信奉する　含む

❶自由貿易協定が国家間で大変人気を博するようになってきている。それは国際的な企業が地球化を信奉してきたからである。

❷ネコ科はネコ、トラ、ヒョウ、ジャガー、等を含んでいる。

........................................................................................

## 8．ESTABLISH　〜を設立する　（法律などを）制定する

❶その会社は今ではすっかり食品業界に定着したようだ。

❷私は彼に対する債権を法的に確定した。

❸欠陥製品に対する無過失責任が法で定められた。

❹我々の唯一の目的は、新しい販売領域において成功を収めるということである。

........................................................................................

## 9．EXPAND　〜を拡大する　〜を詳しく述べる

❶当社の生産は順調に伸びている。

❷その会社は新しい分野に事業を拡大した。

❸彼らは会社をりっぱな法人にまで拡大した。

❹そこで述べたことを拡大してまるまる1つのパラグラフにしよう。

........................................................................................

## 10．EXTEND　〜を延長する　（事業などを）広げる

❶会議をさらに1時間ほど延長しなければならない。

❷会議は3日間に渡った。

❸当社は得意先のない貴国にまで輸出を広げたいと考えている。

........................................................................................

## 11．INITIATE　（事業などを）始める　（人に）秘伝を教える

❶証券会社は、その地の新しい通信関係の会社（の株を）も扱い始めた。

　注証券会社は stock company, brokage firm などとも言う。

❷その経営者は若手スタッフに対し、商売の手ほどきを教えた。

........................................................................................

## 12．INSTALL　（ソフトウェアを）インストールする　（人を）職に就かせる

❶その新しいソフトウェアは、プログラムを全社的に採用する前に、検査の為

❶ Free-trade agreements are becoming more popular between countries as international companies have embraced globalization.

❷ The cat family embraces cats, tigers, leopards, jaguars, and the like.

⋯⋯⋯⋯⋯⋯⋯⋯⋯⋯⋯⋯⋯⋯⋯⋯⋯⋯⋯⋯⋯⋯⋯⋯⋯⋯⋯⋯⋯⋯⋯⋯⋯⋯⋯⋯⋯⋯⋯⋯

❶ The company seems to be fully established now in the food industry.

❷ I have established my claim legally against him.

❸ It has been established by law that strict liability be undertaken for faulty products.

❹ Our sole aim is to succeed in the business in our newly established sales territory.

⋯⋯⋯⋯⋯⋯⋯⋯⋯⋯⋯⋯⋯⋯⋯⋯⋯⋯⋯⋯⋯⋯⋯⋯⋯⋯⋯⋯⋯⋯⋯⋯⋯⋯⋯⋯⋯⋯⋯⋯

❶ Our production is expanding smoothly.

❷ The company expanded their business into a new field.

❸ They expanded their firm into a successful corporation.

❹ We will expand that statement into a whole paragraph.

⋯⋯⋯⋯⋯⋯⋯⋯⋯⋯⋯⋯⋯⋯⋯⋯⋯⋯⋯⋯⋯⋯⋯⋯⋯⋯⋯⋯⋯⋯⋯⋯⋯⋯⋯⋯⋯⋯⋯⋯

❶ We must extend the meeting for an hour or so.

❷ The meeting extended over three days.

❸ We wish to extend our export to your country where we have no regular customers.

⋯⋯⋯⋯⋯⋯⋯⋯⋯⋯⋯⋯⋯⋯⋯⋯⋯⋯⋯⋯⋯⋯⋯⋯⋯⋯⋯⋯⋯⋯⋯⋯⋯⋯⋯⋯⋯⋯⋯⋯

❶ Securities firms initiated coverage on a new telecommunications company in the region.

❷ The manager initiated his young staff into business.

⋯⋯⋯⋯⋯⋯⋯⋯⋯⋯⋯⋯⋯⋯⋯⋯⋯⋯⋯⋯⋯⋯⋯⋯⋯⋯⋯⋯⋯⋯⋯⋯⋯⋯⋯⋯⋯⋯⋯⋯

❶ The new software should be installed in three branch offices to test it

3支社にインストールされなければならない。

❷大臣は彼をその職に就かせた。

❸彼女は委員長に就任するであろう。

（cf）1．照明器具は現在調子が悪い状態だ。

2．彼はその商品を毎月4千円の10回払いで買った。

........................................................................................

## 13．OPTIMIZE　〜を最大限に活用する　最適化する

❶労働力の配置を最適化することは、落ち込んでいるビジネスを回復させるために講じる手段の第1段階である。

........................................................................................

## 14．POST　〜を掲示する　（人を）職に任命する

❶我々はその掲示を会社中に張り出した。

❷その情報は壁に張り出されることになる。

❸都市のレストランには売家のポスターが貼られている。

❹彼は会社の重役としての職についた。

❺彼は大使館の第1書記としてパリ勤務を命じられた。

........................................................................................

### 冠詞が不要な普通名詞

　普通名詞（具体的なものを表す名詞）は一般に数えられます。次の4つの型のどれかの形をとります。「リンゴ」の例を挙げてみましょう。

　(a) an apple　　　　(b) the apple　　　(c) apples　　　(d) the apples

しかし数えることができない稀な場合があります。比べてみましょう

　① There is an apple in my salad.（私のサラダの中にリンゴが1つある。）

　② There is some apple in my salad.（私のサラダにはリンゴが入っている。）

リンゴが原型をとどめていないのは②の方です。

役職を表す場合も冠詞が省かれます。重要な役職は1つしかない場合が多く、それゆえ、1つに決まってくるので、不定冠詞は用いません。また初めて紹介する場合が多いので、2度目以降を表す定冠詞もつかないわけです。

　・He was elected chairperson of the committee.（委員会議長に選ばれた。）

before the program is adopted for use thoughout the company.

❷ The Minister installed him in the office.

❸ She will be installed as chairperson of the committee.

   (cf)  1．The lighting installation is in bad condition now.

         2．He paid for the article in ten monthly installments of 4,000 yen each.

---

❶ To optimize labor allocation is the first step we should take to recover our declinig business.

---

❶ We posted the sign throughout the company.

❷ The information will be posted up on the wall.

❸ Houses for sale are posted in the city's restaurants.

❹ He took the post of director in the company.

❺ He was posted to Paris as first sectretary of the embassy.

---

### 接頭語としての post- の意味と関連語

post には接頭語としての用法があります。「～の後で」「～後の」などの意味を単語に付け加えます。日常用語だけでなく医学用語や工業用語にもよく使われれます。

例　post-cold war（形）「冷戦後の」

    post-embryonic（形）「後胚期の」

    postmeridian（形）「午後の」（p.m. は短縮した表記）

    postpaid（形）「郵便支払済みの」

    postoperative（形）「術後の」

    posthumous（形）「著者の死後の出版の」

    postscript（名）「追伸」（P.S は短縮した表記）

    postsynaptic（形）「シナプス後部の」

## 15. RELOCATE　移転する　（人・建物を）新しい場所に移す
❶人事部は郊外に移転する予定である。

## 16. SCALE　〜を段階的に減らす［back, down］
❶小売店があまりにも多く建っているので、大抵のデパートのチェーン店は拡大プランを縮小しつつある。
❷我々は最近の赤字に対処するために交際費を切り詰めていかなければならない。

### ○○費などの表現

| | | | |
|---|---|---|---|
| 経費 | expenses | 営業費 | business expenses |
| 人件費 | personnel expenses | 交通費 | transport expenses |
| 交際費 | social expenses | 通信費 | communication expenses |
| 光熱費 | light and fuel expenses | 医療費 | medical expenses |
| 生活費 | living expenses | 建築費 | construction cost |
| 保険料 | insurance premium | 保険金 | insurance money |

## 17. STREAMLINE　（機能などを）簡略化する　合理化する
❶事務の合理化と新規事務職の採用を切り詰めることを進める会社が増えてきている。

## 18. SUBMIT　〜を提出する　（自然などに）従う［to］
❶週末に出掛ける前に、スケジュールを提出して下さい。
❷犯罪白書は政府に提出された。
❸伝統的に日本人は自然に逆らってはならないと思っている。
❹彼らは自分たちの提案を撤回しようとはしない。

## 19. UNDERSTAND　〜を理解する　〜と聞いている
❶ここ何ヵ月かの間にどうして売り上げが落ち込んだのか理解に苦しむ。

❶ The Human Resources section of the company is relocating to the suburbs.

........................................................................................

❶ Since the retail sector is so overbuilt, most department store chains are scaling back their expansion plans.

❷ We should scale down the social expenses of the company to tackle the current deficit.

........................................................................................

┌─────────────────────────────────────────────────────────┐

「理解」に関連するさまざまな表現

　（動詞表現）understand; grasp ; comprehend; perceive; discern; make out

　（名詞表現）understanding; agreement; contract; arrangement; bargain;
　　　　　　　concession pact; accord; treaty; concordat; entente; truce;
　　　　　　　interpretation; opinion; view; estimation; judgement; appreciation;
　　　　　　　apprehension; comprehension

　（形容詞表現）understood; accepted; agreed; arranged; settled; conceded;
　　　　　　　covenanted

└─────────────────────────────────────────────────────────┘

❶ More and more companies are trying to streamline office work and to curtail recruitment for new clerical positions.

........................................................................................

❶ Please submit your schedules before you leave for the weekend.

❷ The annual white paper on crime was submitted to the government.

❸ Traditionally, Japanese wish to submit to nature.

❹ They won't submit to giving up their proposal.

........................................................................................

❶ We do not understand why our sales have suddenly declined in these months.

❷我々は彼をその分野での専門家であると理解している。
❸彼らは彼女のことを英文法の権威であると聞いていた。

- - - - - - - - - - - - - - - - - - - - - - - - - - - - - - - - - - - - - - - - - - - - - - - - - - - - - -

> ＜authority の使い方＞
> - He has authority to do it. （彼にはそれを行う権限がある。）
> - She did so on her own authority. （彼女は独断でそのような行動をした。）
> - I have it on good authority. （それは確かな筋から聞いている。）

- - - - - - - - - - - - - - - - - - - - - - - - - - - - - - - - - - - - - - - - - - - - - - - - - - - - - -

## 20．WIN　（名声などを）勝ち取る　（人を）説得する

❶当社はついに当国の電子分野の市場で（売り上げ）第1位を勝ち取った。
❷その本によって彼は知名度と富を勝ち得た。

- - - - - - - - - - - - - - - - - - - - - - - - - - - - - - - - - - - - - - - - - - - - - - - - - - - - - -

❷ We understand that he is an expert in his field.

❸ They understood her to be an authority on English grammar.

........................................................................................

........................................................................................

❶ We finally won the top position in the electronics market in this country.

❷ The book won fame and fortune for him.

   ( = The book won him fame and fortune.)

........................................................................................

## ② 重要名詞を用いた表現

### 1．ADVERTIZING 広告 広告業
❶口コミは最も強力な販売促進手段の1つである。
❷その広告代理店はインターネットマーケティングのキャンペーンを始めた。
❸比較広告の方法は日本の企業にあまり受け入れられてはいません。

---

**名詞連続の技術**

　上の2つの advertizing は名詞です。一般にAとBが共に名詞の場合、ABという複合語が成立すると、B for A という表現も可能です。

　　the advertizing agency ＝ the agency for advertizing

　　comparison advertizing method ＝ the method for comparison advertizing

このように分析できます。for 以下には名詞しかこないので、advertizing は動名詞と言えます。前置詞をなくそうとすることにより、複合語ができます。よりコンパクトな文を目指す為には、いかに前置詞を少なくするかがポイントです。

---

### 2．ALLIANCE 提携 同盟
❶国内企業は外国資本に対抗するため提携の準備を進めている。
❷当社は外国の企業と提携した。
❸メーカーとの提携を更新する必要があるだろう。

### 3．BARGAIN（ING） 交渉 売買契約
❶労使間の団体交渉がまもなく行われる。
❷世界貿易交渉は最終的には政治的決着を見るだろう。
❸その売買契約を締結するかどうかはもう少し考える余地があるであろう。

　（cf）彼らは全資産を安く手放した。

## 2 Useful Expression ——————— 組合せ応用自在

❶ Word-of-mouth advertizing is one of the strongest sales promotions.

❷ The advertizing agency kicked off a campaign for Internet marketing.

❸ The comparison advertising method has not been well accepted by Japanese companies.

---

**接頭辞 ad- の持つニュアンスを掴む**

（語源）接頭辞 ad-はラテン語起源で、motion, toward, addition to, nearness to, 等の意味をそれに続く単語に付け加えます。ad-の代わりに、a-, ac-, af-, ag-, al-, an-, 等の形をとることもあります。ad-は後に続く子音との関係でいろいろと形が変わります。ここでは advertizing と alliance を取り上げてみます。
advertise ＜ ad（＝ to ～）＋ vertere［ラテン語］（＝ to turn）→ call attention to ～「～の方に人の関心を引く」の意味。ここから「広告」の意味が出てきます。
alliance ＜ ad（＝ to ～）＋ ligare［ラテン語］（＝ to bind）→ bind A to B「A を B の方に束ねる」の意味。ここから「提携」「同盟」等の意味が出てきます。

---

❶ Domestic industries are preparing for an alliance against foreign capitals.

❷ Our company contracted an alliance with a foreign firm.

❸ It will be necessary for us to renew the alliance with the manufacturer.

---

❶ Collective bargaining between management and labor will be held soon.

❷ The world trade negotiation will finally be fixed by political bargaining.

❸ We had better consider further whether we should strike the bargain or not.

　（cf）They were compelled to bargain all of their assets away.

---

## 4．CHALLENGE　難題　反論

❶日本の経済界は海外の金融市場からの難題に挑戦している。

　　注challenge は単なる「挑戦」の意味ではなく「難題」や「課題」の意味もある。

　（cf）市場にライバル社が参入してきたので販売方針の再検討を迫られている。

❷その新しい仕事は私には、本当にやりがいがある。

❸彼の新理論は反論の余地がない。

## 5．COMPETITION　競争　競争相手［the～］

❶日本は海外から公正な競争のため、規制緩和政策を取るよう要求されている。

❷海外からの新規参入によって金融市場の競争は一層激化するだろう。

❸価格競争は早晩、品質競争に取って代られるであろう。

## 6．COMPONENT　部品　構成要素

❶これらの部品は互換性がある。

❷部品交換の際は、このマニュアルの指示に従うこと。

❸当工場では部品組み立てにロボット装置を使用している。

## 7．CONCEPT　概念　（企画・広告の）コンセプト

❶販売戦略を打ち立てるに際しては、新しい考え方を取り入れなければならない。

❷このコンセプトは苦心を重ねて構築された。

❸これが最も新しい発想である。

## 8．DECISION　決断　決定

❶最重要問題は最高幹部によって最終的決断がくだされる。

❶ The Japanese economic world faces a challenge from an overseas financial market.

   (cf) A competitor who has entered our market challenges us to reconsider our sales policy.

❷ The new task is a real challenge to me.

❸ His new theory is beyond challenge.

⋯⋯⋯⋯⋯⋯⋯⋯⋯⋯⋯⋯⋯⋯⋯⋯⋯⋯⋯⋯⋯⋯⋯⋯⋯⋯⋯⋯⋯⋯⋯⋯

❶ Japan is required from overseas to adopt deregulation policies for fair competition.

❷ Competition will be keener in the financial market by new entries from overseas.

❸ Price competition will be taken the place of by quality competition sooner or later.

⋯⋯⋯⋯⋯⋯⋯⋯⋯⋯⋯⋯⋯⋯⋯⋯⋯⋯⋯⋯⋯⋯⋯⋯⋯⋯⋯⋯⋯⋯⋯⋯

❶ These components are compatible.

❷ When interchanging a component, please follow the instructions in this manual.

❸ We use a robot system to assemble components in this factory.

⋯⋯⋯⋯⋯⋯⋯⋯⋯⋯⋯⋯⋯⋯⋯⋯⋯⋯⋯⋯⋯⋯⋯⋯⋯⋯⋯⋯⋯⋯⋯⋯

❶ We have to introduce a new concept in working our strategies for our sales promotion.

❷ This concept was formulated with great difficulty.

❸ This is an up-to-date concept. ($\Longleftrightarrow$ outdated)

⋯⋯⋯⋯⋯⋯⋯⋯⋯⋯⋯⋯⋯⋯⋯⋯⋯⋯⋯⋯⋯⋯⋯⋯⋯⋯⋯⋯⋯⋯⋯⋯

❶ The final decision is made by the top officials on matters of vital importance.

❷政府の決定は受け入れざるを得ないだろう。

❸我々はその決定を覆す立場にはない。

## 9．DESIGN　設計　デザイン
❶いかなる顧客に対しても欠陥のある設計をしないよう絶えざる努力がなされ
なければならない。
❷我々の要求は欠陥のあるデザインではなく柔軟性のあるデザインだ。
❸若者は風変わりで目立つデザインの方に関心があるものだ。
　（cf）綿密に設計されたソフトがこのコンピュータにプログラムされている。

## 10．DYNAMICS　力学　（物理的・精神的な）活力
❶社会力学を応用すれば消費者動向がよく読み取れるかもしれない。
❷国際政治の力学が世界平和に影響を与えている。

## 11．ENVIRONMENT　環境　自然環境［the～］
❶我々は環境を汚染してはならない。
❷我々は環境を産業廃棄物から守らなければならない。
❸優秀な製品は健全な環境から生まれるものだ。
❹原子力を誤って用いると環境の汚染を引き起こす。

## 12．FOCUS　焦点　（興味・重要性の）中心
❶その予算案は焦点がぼけているように思われる。
❷当社の事業計画は業界の注目の的になった。

## 13．FUTURE　未来　将来性
❶我々は輝かしい未来を創るために最善を尽くさなければならない。
❷将来性のない企画はどんなものでもただちに引っ込めるべきだ。

## 14．INFRASTRUCTURE　（経済）基盤　（団体などの）下部組織
❶電子マネーのシステム導入の前に安全インフラを構築しておかなければなら
ない。

❷ We will have no other alternative than to accept the decision made by the government.

❸ We are not in a position to reverse the decision.

❶ Continuous effort must be made to prepare a "no-flaw" design for every client.

❷ What we need is not a flawed design but a flexible one.

❸ Young people are more interested in bizzare and distinctive designs.

　(cf) Elaborately designed software is programmed into this computer.

❶ Consumers' trends may be read well through applying group dynamics.

❷ Dynamics of international politics influence world peace.

❶ We must not contaminate the environment.

❷ We must protect the environment from industrial waste.

❸ Excellent products are produced from a healthy environment.

❹ Misuse of atomic energy will cause pollution of the environment.

❶ The budget plan seems to lack focus.

❷ Our business project came into the industry's focus.

❶ We have to do our best to have a brilliant future.

❷ Any project seen to have no future should be withdrawn immediately.

❶ We need to build a security infrastructure prior to going into electronic money systems.

❷IT インフラが 21 世紀のわが国の経済を促進させるであろう。

. . . . . . . . . . . . . . . . . . . . . . . . . . . . . . . . . . . . . . . . . . . . . . . . . . . . . . . . . . . . . . . . . . . . . . . . . . . . . . . . . . . . . . . . . . . . . . . . . . . . . . . . . . . . . . .

## 15. IMPACT　影響　衝撃

❶最近公表された公定歩合の引き上げは、各分野の産業に対し、影響を与える
であろう。

　囲「影響力を与える」は give an influence to...と表現できない。

❷その急激な革新は、全国的な衝撃を引き起こすであろう。

. . . . . . . . . . . . . . . . . . . . . . . . . . . . . . . . . . . . . . . . . . . . . . . . . . . . . . . . . . . . . . . . . . . . . . . . . . . . . . . . . . . . . . . . . . . . . . . . . . . . . . . . . . . . . . .

## 16. KNOWLEDGE　知識　見聞

❶我々は国際金融の知識を持たなければならない。

❷新製品開発を研究するためには十分な化学の知識が必要である。

❸管理職といえども今や IT の知識が求められている。

❹我々の知るかぎり、問題は全て解決した。

. . . . . . . . . . . . . . . . . . . . . . . . . . . . . . . . . . . . . . . . . . . . . . . . . . . . . . . . . . . . . . . . . . . . . . . . . . . . . . . . . . . . . . . . . . . . . . . . . . . . . . . . . . . . . . .

## 17. MECHANISM　機構　（物事・現象の）仕組み

❶我々はまず第 1 にこのエンジンのメカニズムを理解しなければならない。

❷資本主義は基本的には市場メカニズムで動く。

❸価格の仕組みは需要と供給によって決められる。

. . . . . . . . . . . . . . . . . . . . . . . . . . . . . . . . . . . . . . . . . . . . . . . . . . . . . . . . . . . . . . . . . . . . . . . . . . . . . . . . . . . . . . . . . . . . . . . . . . . . . . . . . . . . . . .

## 18. NEED（S）　必要性　需要

❶我々は消費者の変化するニーズに注意を払わなければならない。

❷この分野の本の需要が高い。

. . . . . . . . . . . . . . . . . . . . . . . . . . . . . . . . . . . . . . . . . . . . . . . . . . . . . . . . . . . . . . . . . . . . . . . . . . . . . . . . . . . . . . . . . . . . . . . . . . . . . . . . . . . . . . .

## 19. OBJECTIVE　目的　［文法用語］目的語

❶我々の第 1 目的は、生産技術の向上にある。

❷生産コストを最小限に押さえるという我々の目標は達成された。

. . . . . . . . . . . . . . . . . . . . . . . . . . . . . . . . . . . . . . . . . . . . . . . . . . . . . . . . . . . . . . . . . . . . . . . . . . . . . . . . . . . . . . . . . . . . . . . . . . . . . . . . . . . . . . .

## 20. OPPORTUNITY　機会　好機

❶この機会を逃さず、ベンチャービジネスに参入すべきである。

❷ IT infrastructure will promote the economy of our country in the 21st century.

⋯⋯⋯⋯⋯⋯⋯⋯⋯⋯⋯⋯⋯⋯⋯⋯⋯⋯⋯⋯⋯⋯⋯⋯⋯⋯⋯⋯⋯⋯⋯⋯⋯⋯⋯⋯

❶ Rising official rates announced recently will have an impact on various fields of industry.

❷ The rapid innovation will cause nationwide impact.

⋯⋯⋯⋯⋯⋯⋯⋯⋯⋯⋯⋯⋯⋯⋯⋯⋯⋯⋯⋯⋯⋯⋯⋯⋯⋯⋯⋯⋯⋯⋯⋯⋯⋯⋯⋯

❶ We must get knowledge of international finance.
❷ The study to develop our new products requires a good knowledge of chemistry.
❸ Having a knowledge of IT now becomes necessary even to managers.
❹ To our knowledge, all the problems have been settled.

⋯⋯⋯⋯⋯⋯⋯⋯⋯⋯⋯⋯⋯⋯⋯⋯⋯⋯⋯⋯⋯⋯⋯⋯⋯⋯⋯⋯⋯⋯⋯⋯⋯⋯⋯⋯

❶ We must understand the mechanism of this engine first.
❷ Capitalism works basically by market mechanism.
❸ Pricing mechanisms are set up out of supply and demand.

⋯⋯⋯⋯⋯⋯⋯⋯⋯⋯⋯⋯⋯⋯⋯⋯⋯⋯⋯⋯⋯⋯⋯⋯⋯⋯⋯⋯⋯⋯⋯⋯⋯⋯⋯⋯

❶ We must pay attention to the changing needs of consumers.
❷ There is a great need for books on this subject.

⋯⋯⋯⋯⋯⋯⋯⋯⋯⋯⋯⋯⋯⋯⋯⋯⋯⋯⋯⋯⋯⋯⋯⋯⋯⋯⋯⋯⋯⋯⋯⋯⋯⋯⋯⋯

❶ Our primary objective is to enhance manufacturing techniques.
❷ We won our objective to keep the production cost down to a minimum.

⋯⋯⋯⋯⋯⋯⋯⋯⋯⋯⋯⋯⋯⋯⋯⋯⋯⋯⋯⋯⋯⋯⋯⋯⋯⋯⋯⋯⋯⋯⋯⋯⋯⋯⋯⋯

❶ We should not miss the opportunity to enter into the venture business.

❷新しい産業をおこすには、もうしばらくチャンスがくるのを待ったほうが良い。

❸当社の技術を紹介できるチャンスが次の大会であるだろう。

❹学生に対する就業の機会は均等に与えられるべきである。

## 21. ORGANIZATION 団体 組織

❶その目的のためには任意の団体を組織する必要がある。

❷その組織は遅かれ早かれ解散させられるであろう。

❸我々の組織をただちに改編することは容易ではない。

## 22. PERFORMANCE 業績 （機械の）性能

❶当社は常にこの事業から最高の成果を得ようと努力している。

❷年次業績報告は詳細に公表される。

❸我々のマシンの性能を最大限に引き出さなければならない。

## 23. PERMIT/PERMISSION 許可証／許可

❶あなたの許可証は今月末で期限が切れます。

❷我々は総会に出席する許可を得た。

❸このブランドは所有者の厚意で使用できるようになった。

❹税関の許可なくこれらの製品を輸入することはできない。

　（cf）これらのサンプルをここから持ち出すことは法的に禁じられている。

## 24. POTENTIAL 可能性 潜在力

❶IT は 21 世紀の経済発展に計り知れない可能性をもっている。

❷効果的なトレーニングを通して潜在力を開発することができる。

❸当社新製品に対する潜在的市場を若者から掘り起こすことは名案である。

　（cf）どの分野であっても潜在的な天才を掘り起こすことは大切になってきている。

❷ We had better wait for a more timely opportunity to develop new industries.

❸ An opportunity to introduce our technology will be had at the next conference.

❹ A job opportunity must be given equally to students.

⋯⋯⋯⋯⋯⋯⋯⋯⋯⋯⋯⋯⋯⋯⋯⋯⋯⋯⋯⋯⋯⋯⋯⋯⋯⋯⋯⋯⋯⋯⋯⋯⋯⋯⋯⋯

❶ We need to set up a voluntary organization for the purpose.

❷ The organization will be dissolved sooner or later.

❸ It is not easy to renew our organizaiton immediately.

⋯⋯⋯⋯⋯⋯⋯⋯⋯⋯⋯⋯⋯⋯⋯⋯⋯⋯⋯⋯⋯⋯⋯⋯⋯⋯⋯⋯⋯⋯⋯⋯⋯⋯⋯⋯

❶ We always try to get the best performance out of this business.

❷ The annual performance report is made public in details.

❸ We must improve the performance of our machine to the maximum.

⋯⋯⋯⋯⋯⋯⋯⋯⋯⋯⋯⋯⋯⋯⋯⋯⋯⋯⋯⋯⋯⋯⋯⋯⋯⋯⋯⋯⋯⋯⋯⋯⋯⋯⋯⋯

❶ Your permit will expire at the end of this month.

❷ We got permission to attend the general meeting.

❸ The brand can be used by the kind permission of the holder.

❹ You cannot import these products without permission from Customs.

　(cf) It is not legally permitted to take these samples out of this place.

⋯⋯⋯⋯⋯⋯⋯⋯⋯⋯⋯⋯⋯⋯⋯⋯⋯⋯⋯⋯⋯⋯⋯⋯⋯⋯⋯⋯⋯⋯⋯⋯⋯⋯⋯⋯

❶ IT has inestimable potential for economic development in the 21st century.

❷ You can develop your potential through effective training.

❸ It is a good idea to dig out a potential market for our new product from young people .

　(cf) It is more and more important to dig out a potential genius in every field.

⋯⋯⋯⋯⋯⋯⋯⋯⋯⋯⋯⋯⋯⋯⋯⋯⋯⋯⋯⋯⋯⋯⋯⋯⋯⋯⋯⋯⋯⋯⋯⋯⋯⋯⋯⋯

## 25. PRINCIPLE　原理　信条　根源

❶過度の能力主義は、日本人勤労者に対する動機づけの原理に反するかもしれない。

❷仕事をする場合はこの規則に従わなければならない。

❸非関税障壁は世界の自由貿易の原則に反する。

❹私は原則的にそのことに反対ではないが、同意できない細かな点が幾つかある。

<本音と建前>

　日本人は本音と建前が大きく異なると批判されることがありますが、英語でこれらの表現は色々と言えます。

　　直訳としては real intention（本音）と official stance（建前）。

　　意訳としては what I think（本音）と what I say（建前）の組や what I want to do（本音）と what I should do（建前）の組があり得ます。前置詞句の表現では、in practice（本音は）と in principle（建前は）が用いられることもあります。

## 26. PROCESS　過程　（処理の）手順　（製造の）工程

❶その意思決定の過程は世間に明らかにされるべきだ。

❷議論は解決の糸口を見いだせないまま、なお続けられている。

❸この欠陥商品の製造工程はまもなく全部明らかにされるであろう。

❹国際条約は国会で法的手続きによって批准されなければならない。

❺これらの食品の製造工程はパテントによって保護されている。

## 27. RESTRUCTURING　リストラ　再構築

❶日本では多くの場合、リストラは従業員の解雇を意味する。

❷日本の長期にわたる不況からの回復にはリストラが必要だといわれている。

❶ An excessive merit system may be against the principle of motivation for Japanese workers.

❷ We must obey this principle in working.

❸ Non-tariff barriers go against the principle of free trade in the world.

❹ Although I don't object to that in principle, there are some minor points where I can't agree with you.

---

**「議論や論争」をめぐる様々な単語**

論争の国アメリカではいろいろな議論に関する表現があります。英語の世界言語化に伴い論争をめぐる表現にも通暁しておきたいものです。

（名詞）debate; contend; argument; dispute; words; war of words; case; argue A out of B「A を説得して B することを止めさせる」; argue A into B;「A を説得して B するようにさせる」

（形容詞）argumentative; disputatious; combative; contentious; disagreeable; quarrelsome; testy; litigious

---

❶ The decision-making process should be open to the public.

❷ The discussion is still in process without finding any solution.

❸ All the processes of manufacturing the defective merchandise will be made clear soon.

❹ International treaties are required to be ratified by legal process at the Diet.

❺ The manufacturing process of these foods is protected under patent.

---

❶ Restructuring means discharging employees in many cases in Japan.

❷ Restructuring is said to be necessary for recovery from the long Japanese recession.

## 28. REVOLUTION 革命 回転

❶21 世紀は IT 革命の世紀だと言われている。

❷このエンジンは毎分 5000 回転の速さで動く。

## 29. RISK リスク 危険

❶彼らは顧客を失う危険を犯してもその要求に応じなかった。

❷危機管理はいかなる組織にあっても必要だ。

　（cf）新興企業に投資するのは危険が伴う。

## 30. SIMULATION シミュレーション まねること

❶最近多くの若者が立体表示機能を備えたフライトシミュレーションゲームを楽しんでいるのを見かける。

❷貴社から発注のありましたシミュレーションシステムはまだ構築できておりません。

## 31. SOLUTION 解答 解決策

❶遺伝子組み換えは解決すべき多くの問題を抱えている。

❷政府は政治的諸問題の解決策を見いださなければならない。

❸環境問題は長期的な解決策を必要とする。

## 32. STRATEGY 戦略 （政治・商売上の）計画

❶若い世代の消費者のニーズに応えるための戦略を検討しなければならない。

❷市場において当社のライバルに打ち勝つために、より大胆な戦略が考え出されるであろう。

❸ライバル社は今月の末頃新しい戦略を打ち出すらしい。

## 33. STYLE 様式 文体 品位

❶多くの分野や市場で古いスタイルが復活しつつある。

❷どんな広告も魅力的なものに作らなければならない。

❸ビジネスレターはできるだけ正確な文体で書くことを旨とすべきだ。

❶ The 21st century is said to be the century of IT revolution.
❷ This engine works at a speed of 5,000 revolutions per minute（rpm）.

............................................................................................

❶ They did not meet the demand at the risk of losing customers.
❷ Risk management is required for any organization.
　（cf）It is risky to invest in emerging business.

............................................................................................

❶ Many young people are enjoying flight simulation games with 3D capability recently.
❷ The simulation system ordered by you has not been constructed yet.

............................................................................................

❶ Genetical modification has many problems for solutions.
❷ Solutions must be found to various political matters by the Government.
❸ Environmental problems require a long-range solution.

............................................................................................

❶ We must discuss strategies to meet the consumers' demands of a younger generation.
❷ Bolder strategies will be worked out to compete with our competitors in the market.
❸ Our competitor will reportedly apply a new strategy toward the end of this month.

............................................................................................

❶ Old-fashioned styles are being revived in many fields and markets.
❷ Any advertisement must be prepared in attractive style.
❸ Business letters should be written in as accurate a style as possible.

............................................................................................

## 34. SUPPORT　援助　（思想的・経済的な）支持

❶さらなる発展のために同社からの技術的援助が必要だ。

❷彼らは我々の技術を全面的に支持する理論を打ち立てた。

❸その広告が当社の新製品販売の強力なバックアップになった。

..................................................................................................

## 35. SYSTEM　装置　（政治・社会・教育などの）制度

❶これらの自動車は油圧装置のブレーキが装備されている。

❷能力主義が日本にも徐々に導入されてきている。

❸終身雇用と年功序列制度を再検討する時期が来た。

..................................................................................................

## 36. TECHNOLOGY　技術　応用科学

❶次世代の交通システムを開発するために最新の技術が用いられるであろう。

❷技術を改良していけばコストダウンのメリットをもたらすだろう。

❸新しい技術を開発する際には、我々は常に環境に優しいということに留意している。

　　　参考 environment-friendly（＝ eco-friendly）：環境に優しい

..................................................................................................

---

### ＜ハイフンの入った複合語＞

①-friendly　→　user-friendly（ユーザーに優しい）

②-ridden　→　deficit-ridden（赤字に苛まれた）

③-laden　→　power-laden（権力を与えられた）

④-prone　→　accident-prone（事故を起こしやすい）

⑤-oriented　→　youth-oriented（若者志向の）

---

..................................................................................................

❹時代遅れの技術は常に進んだ技術に取って代られる。

❺高度な工業技術が各種の洗練された精巧な機械を生んできた。

..................................................................................................

❶ We need technical support from them for further development.

❷ They established a theory in full support of our technology.

❸ The advertisement provided strong support for the sales promotion of our new products.

....................................................................................

❶ The cars are equipped with the brakes of a hydraulic system.

❷ The merit system is gradually being introduced into Japan, too.

❸ The time has come to reconsider our lifetime employment and seniority system.

....................................................................................

❶ The latest technology will be employed to develop the next-generation transportation system.

❷ Improving technology will provide us with the merits of cost reduction.

❸ When developing a new technology, we always bear in mind environmental friendliness.

....................................................................................

---

**「条件」をめぐる知っておきたい表現**

技術援助や技術交換を巡ってはいろいろと条件が出てきます。

・proviso（名詞）「但し書き」

注 with proviso that S ＋ V「S ＋ V するという条件で」

・contingent（形容詞）「付随的な」「〜した場合の」

注 a fee contingent on success「成功を条件とした報酬」

---

....................................................................................

❹ Outdated technology is always replaced with advanced ones.

❺ High industrial technology has produced various sophisticated apparatuses.

....................................................................................

## 37. TERM（S） 関係 専門用語 期間 条件

❶その問題は経済の面から分析できる。

❷彼の論文は専門用語のオンパレードである。

❸当社の売り上げは量的にはかなり伸びた。

注「〜的には」を in 〜 terms と言える場合が多い。in quality terms 質的に

## 38. TOOL （目的達成のための）手段 道具

❶インターネットは 21 世紀に最も広く使われる伝達手段になるだろう。

❷携帯電話は我々の通信手段として主流になるだろう。

## 39. VALUE 価値 価格

❶当社製品の品質に対する信頼が当社の市場価値を高めることになる。

❷そのシステムの価値を過大評価しないように注意しなければならない。

❸ドルに対する円の価値は外国為替市場で毎日変わっている。

❹デフレは全ての商品の価値を下げると思われている。

❶ The problem can be analyzed in terms of economy.
❷ His report is full of technical terms.
❸ Our sales increased considerably in quantity terms.

........................................................................................

❶ The Internet will be the most widelyused tool for our communication in the 21st century.
❷ Cellular phones will be one of the main tools for our communication.

........................................................................................

❶ Confidence in the quality of our products will improve the market value of our company.
❷ We have to be careful not to overrate the value of the system.
❸ The value of the yen changes against the dollar in Foreign Exchange Market every day.
❹ Deflation is feared to reduce the value of every commodity.

........................................................................................

# ③ 重要形容詞を用いた表現

## １．COMPATIBLE　互換性がある　両立できる
❶この装置の部品は交換可能である。
❷仕事と両立できる娯楽が創造できることが望ましい。

## ２．COMPLICATED　複雑な　困難な
❶そのような込み入ったケースでは決定事項を変更する余裕が殆どない。

　（cf）経営者は我々に不要な紛糾を避けるよう求めた。

## ３．CONSTITUTIONAL　憲法上の　体質的な
❶信教の自由は憲法上の権利である。
❷彼は体質的な胃の不調に悩んでいる。
　（cf）株式市場はとくに海外の機関投資家による影響を非常に受ける。

## ４．CONVENIENT　便利な　（場所が）近くて便利な
❶携帯電話は非常に便利な通信手段として成長しつつある。

❷会議のために好都合の時間と場所を設定してください。
❸そのホテルは空港と鉄道の両方に近くて便利だ。

---

**convenient の語法上の注意**

「人が〜するのに都合がいい」という表現で、人が主語に来ないことに注意しましょう。

It is convenient for me to visit you tomorrow.

（明日伺うのが私にとって好都合です。）

× I am convenient to visit you tomorrow.

---

214

## 3 Useful Expression ─────────────────── 組合せ応用自在

❶ The components of this device are compatible.

❷ It is desirable to create pleasure compatible with work.

⋯⋯⋯⋯⋯⋯⋯⋯⋯⋯⋯⋯⋯⋯⋯⋯⋯⋯⋯⋯⋯⋯⋯⋯⋯⋯⋯⋯⋯⋯⋯⋯⋯⋯⋯⋯⋯⋯

❶ There is almost no room for changing the decision on such a complicated case.

   (cf) The manager required us to avoid unnecessary complications.

⋯⋯⋯⋯⋯⋯⋯⋯⋯⋯⋯⋯⋯⋯⋯⋯⋯⋯⋯⋯⋯⋯⋯⋯⋯⋯⋯⋯⋯⋯⋯⋯⋯⋯⋯⋯⋯⋯

❶ Freedom of faith is a constitutional right.

❷ He suffers from constitutional stomach disorder.

   (cf) Stock exchange markets are greatly influenced by institutional investors particularly from abroad.

⋯⋯⋯⋯⋯⋯⋯⋯⋯⋯⋯⋯⋯⋯⋯⋯⋯⋯⋯⋯⋯⋯⋯⋯⋯⋯⋯⋯⋯⋯⋯⋯⋯⋯⋯⋯⋯⋯

❶ Cellular phones are growing to be very convenient communication tools.

❷ Please arrange a convenient time and place for the meeting.

❸ The hotel is convenient to both the airport and the railroad station.

⋯⋯⋯⋯⋯⋯⋯⋯⋯⋯⋯⋯⋯⋯⋯⋯⋯⋯⋯⋯⋯⋯⋯⋯⋯⋯⋯⋯⋯⋯⋯⋯⋯⋯⋯⋯⋯⋯

---

**装置に関する表現**

machine「機械」 the machine age（機械時代）

utensil「用具・用品」 例 kitchen utensil（台所用具）

apparatus「一組で使う器具・器械」 例 a heating apparatus（暖房器具）

tool「道具・工具」 例 an edged tool（刃物）

instrument「実験用などの器械・計器」 例 surgical instrument（外科用器具）

appliance「（主として）電気器具」 例 an electric appliance（電気器具）

---

## 5．CONVENTIONAL　月並みな　因習的な

❶新しい金融市場で成功を収めるには従来の知識では十分と言えない。

## 6．CORPORATE　法人（組織）の　共同の

❶社内での出世の階段というシステムは日本の産業の幾つかの分野でいまだに有効である。

❷よりよい企業イメージを創造するために、当社は一層努力をすべきである。

❸新事業の財源に当てる為に社債が発行されるべきである。

## 7．DEFECTIVE　欠陥のある　不完全な

❶我々はいかなる商品も欠陥商品の可能性があれば、市場に出してはならない。
　（cf）　1．この自動車の欠陥は取りのぞかれた。
　　　　　2．彼の性格には欠陥がある。

## 8．DRASTIC　抜本的な　徹底的な

❶赤字まみれの日本経済を立てなおすには、抜本的な対策が必要だ。

❷今回の選挙結果はこれからの政界に激変が起こる予兆である。

## 9．DIVERSE　様々な　（相互に）異なった

❶我々は市場における様々な消費者の需要に答えなければならない。

❷その状況の対処法には実に色んな考え方がある。

## 10．DYNAMIC　力学的な　活動的な

❶人間と制度との力学的関係は特に今日のような変動の激しい時代にあっては、もっと研究されるべきである。
　（cf）最近の経済活動は活気がなくなっている。

❶ Conventional knowledge is not enough to be successful in the new financial market.

❶ A corporate promotional ladder system still remains in some of the Japanese industries.
❷ To create a better corporate image we have to make further efforts.
❸ Corporate bonds should be issued for the financing of our new project.

❶ We should not ship any potentially defective products into market.
  (cf)  1．A defect in this car was corrected.
       2．He has a defect in his character.

❶ A drastic measure is called for to boost the deficit-ridden Japanese economy.
❷ The election result this time shows a sign of drastic change in the political world in the near future.

❶ We have to meet the demands of a diverse group of consumers in the market.
❷ There are diverse ideas on how to cope with the situation.

❶ The dynamic relationship between man and institutions should be studied further particularly in these variable days.
  (cf)  The current economic activities have remained static.

## 11. FLEXIBLE　（事柄が）柔軟性のある　（人が）従順な

❶どんな変化にも対応できるようにこのビルには柔軟性のある設計を用いた。

❷我々の休暇プランはかなり融通がきく。

## 12. GLOBAL　地球の　世界的規模の

❶我々は何としても地球温暖化の解決策を見いださなければならない。

　（cf）我々は地球規模で考え、地域に根ざして活動すべきだ。

---

**対比的な標語もレポートには有効**

・ We should find the answer, not an answer.

（我々が求めているのは唯一の答えであって、どんな答えでもいいのではない。）

・ Our concern is not what we can do, but how we can do it.

（我々の関心は、何ができるかではなく、どのようにできるかだ。）

---

## 13. IMPERATIVE　緊急課題である　命令的な

❶経済を回復させるためには中小企業を財政的に援助することが緊急課題である。

　（cf）日本の目下の政治的な緊急課題は経済を活性化させることである。

## 14. INESTIMABLE　計り知れない　極めて貴重な

❶いわゆるインターネットビジネスの商業的可能性は計り知れない。

❷その会社はバブル崩壊により計り知れない損害を被った。

❶ We employed a flexible design for the building to meet any possible change.

❷ Our holiday plans are fairly flexible.

......................................................................................

❶ We have to find a solution in any way possible to global warming.

　(cf)　We should think globally and act locally.

......................................................................................

> **global ； sphere の語源と派生語表現**
>
> （語源）最近よく使われる globe（名）という言葉はラテン語が起源で a ball「球形」がその本来の意味です。他に英語では sphere（名）がよく用いられます。これはギリシア語起源で意味は同じく「球形」を表わします。
> ・ global（形）「地球規模の」「世界で通用する」
> ・ spherical（形）「球形の」「天体の」

......................................................................................

❶ It is imperative for small businesses to be supported financially to help our economy recover.

　(cf)　Japan's political imperative at the moment is to boost economy.

......................................................................................

❶ The commercial potential of the so-called Internet business is inestimable.

❷ The company suffered inestimable damage due to the "bubble burst."

......................................................................................

```
┌─────────────────────────────────────────────────────────────────────────┐
│ 否定辞ＩＮを用いた重要語                                                  │
│    inaccessible   アクセスできない      inaccurate    不正確な           │
│    inappropriate  不適当な              incoherent    支離滅裂の         │
│    incompatible   両立しない            incompetent   能力がない         │
│    indecisive     決定的でない          indifferent   無関心な           │
│    inefficient    非能率的な            insufficient  不十分な           │
│    invalid        法的に無効の          invariable    不変の             │
└─────────────────────────────────────────────────────────────────────────┘
```

## 15. INGENIOUS　巧妙な　独創的な

❶当社の売上高を上げるような巧妙な解決策はまだ見いだされていない。

（cf）創意と努力によって厳しい現状を乗り切るべきである。

## 16. INTELLECTUAL　知的な　知識を必要とする

❶知的所有権は国際的にも大きな関心事になってきた。

（cf）１．イルカは知的動物である。

　　　２．彼の経営哲学は私には分かりやすい。

## 17. INTRICATE　複雑な　わかりにくい

❶偽造がますます高度化されてきた現在、クレジットカードの不正使用を防ぐことは容易ではない。

（cf）その計画は複雑であったため、実行が難しかった。

## 18. ORIENTED　［複合語で］〜志向の　〜優先の

❶我々は消費者志向の商品を開発するべきである。

❷我々は生活の快適さを目的に、地域に根ざした活動を展開している。

## 19. POLITICAL　政治上の　政治学的な

❶日本には遅滞なく解決すべき政治上の重要課題が山積している。

❷その政治家達は政治システムの基本を変更することなく、そのシステムを改善することにつとめるべきだ。

---

**intellectual と intelligent と intelligible**

intellectual は「知的生活を行う」という含みがあり人間にしか使えないのに対し、intelligent は単に「頭がよい」という意味で動物に使える点が違います。

  ・ Dogs are intelligent animals.／× Dogs are intellectual animals.

intelligible は「分かりやすい」(= understandable) の意味で物事が主語に来ます。

  ・ Her way of living is intelligible to me. （彼女の生き方は分かりやすい。）

---

❶ An ingenious solution to boost our sales has not been found yet.

  (cf) We can get rid of this tough situation through our ingenuity and effort.

---

❶ Intellectual property has become a big concern internationally.

  (cf) 1. Dolphins are intelligent animals.

    2. His management principle is intelligible to me.

---

❶ It is not easy to prevent credit cards from being used fraudulently now that forgery has become more and more intricate.

  (cf) The intricacy of the plan made it hard to carry out.

---

❶ We should develop consumer-oriented products.

❷ We deploy community-oriented movement for the amenities of our life.

---

❶ Japan faces a pile of political imperatives to solve without delay.

❷ The politicians should try to improve the political system without fundamentally altering it.

---

❶その仕事は電子工学の専門知識を必要とする。

❷社長は自らをサポートするために多くの専門家を有している。

❶新しい金融商品の知識を持つことが、我々の主な使命の１つである。


❷そのニュースのもともとの出所ははっきりしていない。

❶会社の利益は毎年漸増している。（少しずつ増えている）

❷その政党は他の政党より社会改革については進歩的である。

❸日本は先進国で最も強い累進課税方式をとっている。

❶ This job requires a professional knowledge of electronics.
❷ The president has many professional staff members to support him.
..................................................................................................................

❶ Getting knowledge of new financial products is one of our primary missions.
❷ The primary source of the news is not known.
..................................................................................................................

❶ The profit of the company is progressive every year.
❷ The party is more progressive about social reforms than the others.
❸ Japan adopts the strictest progressive taxation system among advanced nations.
..................................................................................................................

## 比較変化のあるなし

全ての形容詞に比較変化があるとは限りません。段階性のない dead や sole には通常比較変化はありません。P.222 にある progressive という形容詞は意味によって比較変化のあるなしに差があります。

< progressive >

・比較変化のない意味：「少しずつ増加する」「（課税が）累進的な」「（病気が）進行性の」「（動詞が）進行形の」

・比較変化のある意味：「進歩的な」

［例］ ○ the most progressive party; × more progressive disease;
　　　 × the most progressive form （＝最も進行形の）

---

### 23．QUALIFIED　～に適任の［for］　条件付きの

❶我々は惜しみない援助というわけにはいきませんが、条件付きならば可能です。

　（cf）　1．年令的に彼女はその仕事に適している。

　　　　　2．彼は会計士の資格を得た。

　　　　　3．彼女はそのスタッフに適任である。

---

### 24．SECONDHAND　受け売りの　中古の

❶その問題解決にはいかなる受け売りの知識も役立たないだろう。

　（cf）その情報は間接的に私のところに伝わった。

---

### 25．TEMPORARY　仮の　臨時の

❶我々は経営改革について暫定的な決定を受け入れざるを得なかった。

❷現企画に対して臨時スタッフを雇う必要はない。

---

### 26．UNREASONABLE　（値段などが）不当な　筋の通らない

❶彼らは売ろうとして不当な圧力をかけている。

❷遺伝子組み替え食品の混入率を管理できないという議論は筋が通らない。

> **hand の意味あれこれ**
>
> hand には様々な意味があります。ここでは「手」以外の意味でやはり知って
> おきたいものを紹介します。
>
> They are selling <u>a hand of</u> bananas.「1 房のバナナを売っている。」
> The ship was lost with all <u>hands</u>.「その船はすべての<u>乗組員</u>とともに沈んだ。」
> He writes a good <u>hand</u>.「彼は<u>字</u>が上手い。」
> He <u>declared his hand</u>.「彼は<u>手の内を明かした</u>。」
> The <u>short hand</u> of my watch is broken.「私の時計の<u>短針</u>は壊れている。」
> The painting passed <u>many hands</u>.「その絵は<u>いろいろな人が所有した</u>。」
> I agreed to <u>set my hand to the document</u>.
> 「私はその書類に署名することに同意した。」

❶ We are not in a position to provide generous support but qualified support only.
  (cf)　1．Her age qualifies her for the job.
　　　　2．He qualified himself as an accountant.
　　　　3．She is qualified for being on the staff.

❶ Any secondhand knowledge could not help you solve the problem.
  (cf)　The information came to me secondhand.

❶ We could do nothing but accept a temporary decision on our management reforms.
❷ There is no need for us to hire temporary staff for the current project.

❶ They are exerting unreasonable pressure to sell.
❷ It is unreasonable to argue that we cannot control the mixture rates of

（cf）この損失は予想不可能な要因によって起こった。

........................................................................................................

### 否定辞ＵＮを用いた重要語

| | | | |
|---|---|---|---|
| unavoidable | 避けられない | uncommon | めったにない |
| unconscionable | 非良心的な、法外な | undated | 日付のない |
| unemployed | 失業した、活用されない | unfeasible | 実行不可能な |
| unintelligible | 理解できない | unintentional | 故意でない |
| unlawful | 違法の（＝ illegal） | unofficial | 非公式の |
| unqualified | 無資格の、制限のない | unprofitable | 利益のない、無駄な |
| unremitting | 絶え間ない | unskilled | 熟練していない |
| unspecified | 明示されていない | untimely | 時期外れの |

特徴①短い形容詞に付く。 unkind, unfit, uneven 等。

　　②ある単語の変化形に付く。un ～ able, un ～ ed, un ～ ing, un ～ ly 等。

　　③動詞に付いて反対の行為を意味する。undress（脱がす）, untie（ほどく）等。

........................................................................................................

### 27．WORKABLE　（計画などが）実行可能な　（材料などが）加工できる

❶固定費を削減するために実行性のある戦略を出さなければならない。

❷その計画は実行可能だとは思いません。

GMOs for foods.

注 GMO=genetically modified organism（遺伝子組み換え作物）

(cf) This loss occurred due to unpredictable factors.

............................................................................................................

---

**知っておきたい数の表現に関する接頭辞**

| uni- | ＝1 | 例 | uniform「制服」（みんな1つの服装をするから） |
| duo- | ＝2 | 例 | duet「二人の組」 |
| tri- | ＝3 | 例 | triangle「三角形」 |
| quadri- | ＝4 | 例 | quadruplet「四つ子」 |
| quintus- | ＝5 | 例 | quintuplet「五つ子」 |
| sexi- | ＝6 | 例 | sextuplet「六つ子」 |
| sept- | ＝7 | 例 | septuagenarian「70代の人」 |
| oct- | ＝8 | 例 | octopus「蛸」（足が八本なので） |
| novum- | ＝9 | 例 | novennial「9年目ごとの」 |
| decem- | ＝10 | 例 | decade「10年」 |

---

............................................................................................................

❶ We have to present a workable strategy to reduce fixed costs.

❷ I don't think the plan is workable.

# 第 5 章

# 数の英語表現と
# 専門用語

The Golden Rule

for Brush up your writing while adding variety to your expressions!

Perfect Writing

# ❶ 数の表現と学術的な用語

　数学的な表現や学術的な用語はレポートに頻出しますので、この節では、数の表現をテーマに、色々な角度から学びます。

## ■１．分数の表わし方と読み方
　原則１　分子・分母の順に読む。
　原則２　通常、分子は基数（one、 two、 three...）で分母は序数（third、fourth …）を用いる。但し、first と second は用いない。
　原則３　　分母が大きい場合や文字の場合は、＜分子 over 分母（基数／文字）＞の形。

> 例外：　　２分の１は、a half または one half のどちらかのみ。
> 　　　　４分の１と４分の３は、それぞれ a quarter（＝ one quarter）と three quarters である。しかし、a fourth（＝ one fourth）や three fourths とも言える。

| 例 | 英語（＝読み方） | 注目事項など |
|---|---|---|
| $\frac{1}{3}$ | a third; one third | × a-third　○ one-third |
| $\frac{2}{3}$ | two thirds | × two third |
| $\frac{7}{36}$ | seven over thirty-six | △ seven thirty-sixths |
| $\frac{36}{7}$ | thirty-six sevenths | |
| | thirty-six over seven | ←こちらの方が聞き取り易い。 |
| $2\frac{4}{7}$ | two and four sevenths | |
| $\frac{a}{b}$ | a over b | |

## ■２．小数の表わし方と読み方
　原則１　小数点は point という。（comma ではない）

原則2　少数点以下の数字は、１つずつ読む。
原則3　０．−の０は省略することが多い。

| 例 | 英語（＝読み方） | 注目事項など |
|---|---|---|
| 3.14 | three point one four | × three comma one four<br>△ three point fourteen |
| 0.3 | （zero）point three | |
| 0.3333... | （zero）point three recurring | |
| 0.12 | （zero）point one two | |

英語による 3.14 の覚え方

　日本語は数字の読み方が「イチ、ニ、サン…」という漢語系と「ヒ、フ、ミ…」の大和言葉系があるのに加えて、０を「オウ」「ワ」「マル」等と読めるので、ゴロあわせという手法を用いて、長い数字の連結を覚えることが可能なのは知っていますね。英語にも、円周率（英語で pi）を覚える方法があります。それは次のような文を用いるのですが、どうしてでしょうか。考えてみてください。

How I wish a drink alcoholic, of course, after the heavy lectures regarding quantum mechanics!

　訳：量子力学に関するその重苦しい講義の後では一杯やりたいよ。勿論アルコールをね。

　実は、この文を成り立たせている単語の文字数を数えていくと、その順序が円周率になっています。

　ちなみに日本語では次のゴロあわせが有名です。

3. 1 4 1 5 9 2 6 5 3 1 8 9 7 9 3 2 3 8 4 6 2 6 4 3 3 8 3 2 7 9
身1つ世1つ生くに無意味 曰く　泣く身に　御社に　虫　さんざん闇に泣く

## ■3．回数の表わし方と意味
原則1　1回は once が一般的である。one time は米用法で強調を表わす。
原則2　2回は twice が一般的である。two times も用いられる。
原則3　3回以上は＜基数＋ times ＞で表わされる。

原則4　「何回も」は <many times> で表わされる。強調形は <many a time> である。

| 注意すべき例文 | 意味（意訳） |
|---|---|
| I visited France once. | 私は1度フランスを訪れた。 |
| I once visited France. | 私はかつてフランスを訪れた。 |
| I have gone there many times. | 私はそこへは何度も足を運んだ。 |
| He drank there many a time. | 彼はそこでは常連客だった。 |

## ■4．具体的な頻度の表わし方と意味

原則1　「〜に1度」は <once a 〜 > の形で表わす。
原則2　「〜に2度」は <twice a 〜 > の形で表わす。
原則3　3度以上は < 基数 + times a 〜 > の形で表わす。
原則4　「〜に何度も」は <many times a 〜 > の形で表わす。
　＊但し、〜の部分は「日」「週」「月」「年」が代表的。

| 例 | 意味 | 注意すべき点 |
|---|---|---|
| once a week | 週に1度 | ＝ weekly |
| twice a week | 週に2度 | ＝ semiweekly |
| once in two weeks | 2週間に1度 | ＝ biweekly |
| many times a month | 月に何度も | |

## ■5．一般的な頻度の表わし方と意味

原則1　副詞を用いて表わすことができる。
原則2　数量詞を用いて表わすことができる。
　　　　<in + 数量詞 + cases> の形が基本。
原則3　助動詞を用いて表わすことができる。

| 0 ％ | 10 ％未満 | | 50 ％ | 60 ％ | 75 ％ | 90 ％ | 100 ％ |
|---|---|---|---|---|---|---|---|
| 全然ない | 殆どない | 稀に | 時たま | 時々 | しばしば | 普通 | 常に |

| | | | | | | | |
|---|---|---|---|---|---|---|---|
| a | never | seldom | rarely | occasionally | sometimes | often | usually always |
| b | no | few | a few | several | some | many | most all |
| c | \<is not>\<cannot do>\<might be>\<may be>\<should be>\<must be>\<is> | | | | | | |
| d | impossibly | | possibly | maybe | | probably | certainly |

| | | | | | |
|---|---|---|---|---|---|
| ありえない | | ひょっとして | 多分 | 恐らく | 確かに（絶対に） |

a は上段の日本語の意味を表わす副詞表現で、b はそれに対応する数量詞。
\<in b cases> の形にすると a の意味を表わします。
c は対応する助動詞で、確率を表します。これに相当する副詞は d です。
c と d に対応する訳は下段の日本語です。
上段の日本語は「頻度」を表わし、下段の日本語は「確率」を表わしていますが、意味的に関連していますね。

---

many と most は全然違う！
many は主観的な多さを表すので、「多い」と感じる場合は many を使う。
a.　Many Japanese die from overwork.（過労で死ぬ日本人が多い。）
b.　Most Japanese die from overwork.（殆どの日本人が過労で死ぬ。）
上の例で a は言えても b は言えませんね。文法的にも、次のような差があるので注意しましょう。
c.　Many arrows hit the target but many did not.
　　（的に当たった矢は多かったが、当たらなかった矢も多かった。）
d.✕ Most arrows hit the target but most did not.
　　（大抵の矢は的に当たったが、大抵の矢は当たらなかった。）

## ■6．倍数の表わし方と意味

原則1　同数の場合は the same number of 〜 s，同量の場合は the same amount of 〜

原則2　「...の2倍の数の〜」は、<twice as many 〜 s as...>

　　　　「...の2倍の量の〜」は、<twice as much 〜 as ...>

原則3　「...のX倍の数の〜」は、< X times as many 〜 s as ...>（X≧2）

　　　　「...のX倍の量の〜」は、< X times as much 〜 as ...>　（X＞1）

原則4　「...のX倍のNの〜」は、< 〜 X times the N of ...>　　（X＞1）

　　＊原則3と4について、X＝2の時、two times より twice が普通。

| 例 | 意味（意訳） |
|---|---|
| the same number of books as he has | 彼が持っているのと同数の本<br>　　　×books as same as he has |
| twice as much wine as she drank | 彼女が飲んだ2倍の量のワイン |
| 10 times as many people | その10倍の人数 |

原則4は、作文上よく間違いますので、注意しましょう。

例えば、「太陽の3倍の質量の星」を英語に訳してみましょう。一般的に、日本語を英訳すると、後から英語が表われるので、次のような翻訳公式が成り立ちそうです。

①　AのB　　　　　　　→　B of A

②　AのBのC　　　　　→　C of B of A

③　AのBのCのD　　　→　D of C of B of A

この③を適用して、訳してみると・・・

　　a star of the mass of three times of the sun

日本語では「の」が重なっても不自然さを感じませんが、英語は of を2つ以上使うと不自然です。従って、この日本語の翻訳公式は必ずしも有効とは言

えません。そこで前ページの原則 4 を利用して訳してみましょう。

a star three times the mass of the sun

これは何とすっきりした表現でしょうか。of がひとつで間に合っています。
レポートに有効な表現をいくつか挙げておきましょう。

| 例 | 意味（意訳） |
|---|---|
| five times the number of the staff | そのスタッフの 5 倍の人数 |
| seven times the cost of the plan | その企画の経費の 7 倍 |
| many times the amount of the sales | その売上の何倍も |

## ■7．数式の言い方

| 数式 | 英語 |
|---|---|
| $3＋2＝5$ | Three plus two is / equals five. |
| $3－2＝1$ | Three minus two is / equals one. |
| | Two from three is / leaves one. |
| $3×2＝6$ | Three times two is / equals six. |
| | Three multiplied by two is / equals six. |
| $3÷2＝1.5$ | Three divided by two is / equals one point five. |
| $3^2＝9$ | Three squared is nine. |
| $\sqrt{9}＝3$ | The square root of nine is three. |
| $3^3＝27$ | Three cubed is twenty-seven. |
| $\sqrt[3]{27}＝3$ | The third root of twenty-seven is three. |
| $3^4＝81$ | The fourth power of three is eighty-one. |
| | Three to the fourth power is eighty-one. |
| $3：2＝6：4$ | Three is to two as six is to four. |
| | The ratio of three to two equals that of six to four. |

## ■8．日付の言い方

原則1 日は普通序数で言う。アメリカ式は基数で言う場合もある。

原則2 アメリカ式では月、日、年号の順、イギリス式では日、月、年号の順。

「2001 年 3 月 4 日」の表記と読み方は次のようになります。

| 表記 | 読み方 |
|---|---|
| ［米］March 4, 2001<br>［英］4 (th) March, 2001 | March（the）fourth,（the year）two thousand and one<br>the fourth of March,（the year）two thousand and one |

## ■9．時点（時刻と日と週と月と年と世紀など）の言い方と前置詞

原則1 時刻は AT を用いる。

原則2 日は ON を用いる。日の概念が入った表現は全て ON を用いる。

原則3 週以上の時の概念には IN を用いる。但し last, this, next を使った場合は除く。

注意 午前と午後、夕方という概念は IN，夜は AT を用いて次のように言う。

in the morning; in the afternoon; in the evening; at night

但し日の概念が入っている場合は ON を用いる。

| 例 | 英語 |
|---|---|
| 午後 5 時に | at 5 p.m. |
| 3 日に | on the 3rd |
| 3 日の午後に | on the afternoon of the 3rd |
| 3 日の夜に | on the night of the 3rd |
| 土曜の夜に | on Saturday night |
| クリスマスの夜に | on Christmas night　←クリスマスは 12 月 25 日という日 |
| その（日の）夜に | on that night |
| 来週に | next week |
| その次の週に | in the next week; in the following week |

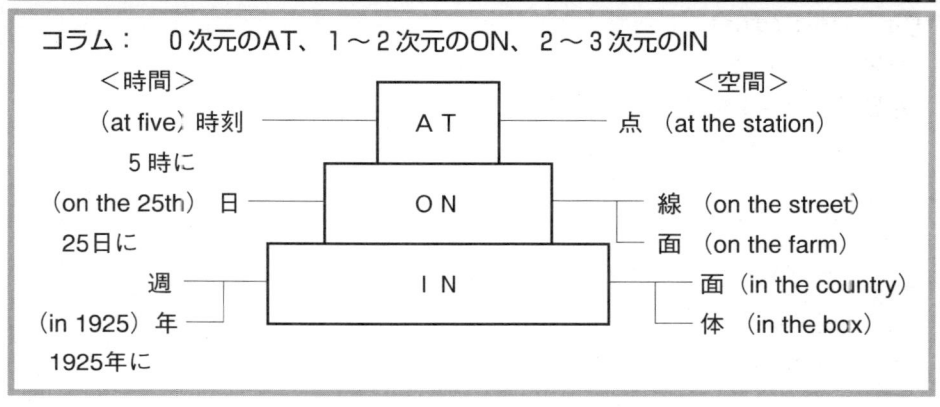

コラム：　０次元のAT、１〜２次元のON、２〜３次元のIN

＜時間＞　　　　　　　　　　　　　　　　　　　＜空間＞

(at five) 時刻 ── AT ── 点 (at the station)
5時に

(on the 25th) 日 ── ON ── 線 (on the street)
25日に　　　　　　　　　　　　　　　　　　　面 (on the farm)

週 ── IN ── 面 (in the country)
(in 1925) 年　　　　　　　　　　　　　　　　体 (in the box)
1925年に

## ■10. 期間に関わる言い方と前置詞

原則1　限定されない期間は FOR で表わす。＜ FOR ＋期間＞
原則2　限定されている期間は DURING で表わす。＜ DURING ＋ the 期間＞
原則3　出来事を表わす名詞句については DURING を用いる。
　　　　＜ DURING ＋名詞句＞
原則4　出来事を表わす文については WHILE を用いる。＜ WHILE ＋文＞
原則5　ある時点までの時間の連続は UNTIL で表わす。＜ UNTIL ＋時点＞
原則6　ある時点までの行為の終了は BY で表わす。＜ BY ＋時点＞

| 例 | 英語 |
|---|---|
| 3日間 | for three days |
| その3日間 | during the three days |
| その祭りの間 | during the festival |
| 私が滞在している間 | while I stay |
| 5時まで（ずっと） | until 5 o'clock　←継続を表す動詞と共に用いる。 |
| 5時までに | by 5 o'clock　←動作を表す動詞と共に用いる。 |

これまで出てきた前置詞を整理しておきましょう。

| Ⅰ類 | ある時点までの動作を表わす<br>by　（〜までに） | ある時点での動作を表わす<br>at ／ on ／ in　（〜に） | （瞬間的）動作<br>の動詞を伴う |
|---|---|---|---|
| Ⅱ類 | ある時点までの継続を表わす<br>until　（〜まで） | ある期間の動作を表わす<br>for　（〜の間） | 継続的動作の<br>動詞を伴う |

［例文］
　　・ We will draw our project up on the 7th.　　（7日に計画を立てる）
　　・ We will draw our project up by the 7th.　　（7日までに計画を立てる）
　　・ We will continue our project until the 7th.　（7日まで計画を続行する）
　　・ We will continue our project for 7 days.　　（7日間計画を続行する）

238

## ■11. 注意すべき数的表現

| 日本語 | 英語 |
|---|---|
| ┌ 3つのグループ | three groups |
| └ 3人のグループ | a group of three |
| ┌ 我々3人 | the three of us;　we three（主語に使う場合） |
| └ 我々のうちの3人 | three of us |
| ┌ 1週間に3回 | three times（in）a week |
| └ 3週間に1回 | once in three weeks |
| ┌ 3人に1人が | one（person）out of three |
| └ その3人のうち1人が | one of the three people |
| ┌ 3日に | on the third |
| └ 3日目に | on the third day |
| ┌ 隔日に | every other day |
| └ 3日ごとに | every three days; every third day |
| ┌ これらの日には | on these days |
| └ 最近は | these days |
| ┌ それらの日には | on those days |
| └ あの頃は | in those days |
| ┌ 来週の木曜に | next Thursday |
| └ その次に木曜に | （on）the next/following Thursday |
| ┌ 交互に | one after the other |
| └ 次々に | one after another |

［参考］

・ I work part-time on Tuesdays and Wednesdays; on these days I feel happy.
　（私は火水とアルバイトをしていますが、この火水は幸せな気分です。）
・ The working women looked inquiringly at their boss one after the other.
　（その OL 達は不審そうに上司を交互に見つめた。）

## ■12. 数字の表記で注意すべきこと

　英語で数字を表わすときには意外に苦労します。その理由は①「桁取り」が日本語の場合とは違うから　②そもそも英語でどのように表現したらよいのかわからないから、の2つの理由が考えられます。そこでまずは「桁取り」の基本を述べ、次に注意すべき数字の英語表現を述べることにします。

## 1．桁取りの基本とその他の表現

| | | |
|---|---|---|
| 百 | ＝ | hundred |
| 千 | ＝ | thousand |
| 万 | ＝ | ten thousand |
| 十万 | ＝ | hundred thousand |
| 百万 | ＝ | million |
| 千万 | ＝ | ten million |
| 一億 | ＝ | hundred million |
| 十億 | ＝ | billion |
| 百億 | ＝ | ten billion |
| 千億 | ＝ | hundred billion |
| 一兆 | ＝ | trillion |

## 2．よく見かける数字の基本的英語表現

面積／容積／その他

1．長さ6フィート、幅4フィート＝ 6 ft long by 4ft wide

2．幅は 30 フィート、奥行き 80 フィート＝ 30ft wide by 80 ft deep
　　「奥行き」は deep を使います。

3．10 インチ四方＝ 10 inches square

4．10 平方インチ＝ 10 square inches

5. 一坪は何平方ヤードですか？＝ How big is one tubo in square yards?
   前置詞には in を使います。

6. 1 平方ヤードにつき 600 ドル＝ $600/sq.yd

7. この容器は 350 ミリリットルです。＝ This bottle holds 350ml.
   動詞には hold を使います。

8. 1 リッター入りのパックで＝ in packs of a litter

9. （劇などで）第 3 幕、第 2 場＝ Act Ⅰ, Scene Ⅱ
   the second scene of the third act とも表現する。

10. 15 ページの 23 課を読んでください。＝ Open your book to page 15
    and read Lesson 23.
    前置詞には to または at（英用法）を使います。
    注 Open page 15 in your book. は不可。

# ■13. その他の関連重要表現
## 1.「～的に」という表現

| 日本語 | 英語 |
|---|---|
| 理論的に | theoretically |
| 経験的に | empirically |
| 統計的に | statistically |
| 実質的に | substantially |
| 基本的に | fundamentally |
| 表面的に | superficially |
| 全体的に | totally |
| 部分的に | partially |
| 数値的に | numerically |
| 図形的に | diagrammatically |
| 立体的に | three-dimensionally |
| 対照的に | contrastively |
| 対称的に | symmetrically（⟺非対称的に asymmetrically） |
| 時間的に | timewise |
| 空間的に | spacewise |

## 2.「～順に」という表現

| 日本語 | 英語 |
|---|---|
| アルファベット順に | alphabetically |
| 時代順に | chronologically |
| 番号順に | in numerical order |
| 先着順に | on the first-come-first-served basis |

# ❷ 時事的な表現と用語

## 1．マスメディア

| | |
|---|---|
| 新聞社に勤める | be on a newspaper |
| 新聞配達をする | deliver newspapers; take a paper route |
| 号外 | an extra (edition); a special |
| 三面記事 | city news; stories of human interest |
| この雑誌の発行部数は... | This magazine has a circulation of... |
| 新聞取次店 | a newspaper agency |
| 通信社 | a press agency; a news agency |
| ...を取材する | cover... ／ collect data on... |
| 全国中継 | a countrywide relay; a nationwide hookup |
| 生放送 | live broadcasting |
| テレビ放送 | a telecast |

## 2．広告のための表現

| | |
|---|---|
| 経験者 | an experienced hand |
| 経験豊かな人 | a man of ripe experience |
| 経験の有無を問わない | Experience not necessary. |
| 委細は面談の上 | Particulars to be arranged personally. |
| | Further details at interview. |
| 履歴 | one's personal history; one's career |
| 彼の履歴は全然分からない。 | His past life is a sealed book to me. |
| そんなことをすると履歴に 傷がつきますよ。 | It will mar your record if you do such a thing. |
| 学歴 | a school career; an academic background |

243

| | |
|---|---|
| 殆ど学歴がない | have little formal schooling |
| 学歴に関係なく | irresponsible of the academic background |
| ワープロの経験望ましい | Word processing experience preferable. |
| 勤務時間 | office hours; on-duty hours |
| 募集 | recruitment; enlistment |
| 受付係を募集する | invite applications for the position of front desk clerk |
| 急募 | hurried recruiting; urgent invitation |

## 3．各種書類の表現

| | |
|---|---|
| 署名 | a signature |
| サイン（有名人等の） | an autograph ——混乱しないように。 |
| 合図、身振り、標識 | a sign |
| 手話 | sign language |
| 身体言語 | body language（動作・表情による意思表示） |
| 申し込み（結婚等の） | an offer ＜ of marriage ＞ ［propose より口語］ |
| 申し込み（和平等の） | an overture ＜ of peace ＞ |
| 申し込み（決闘等の） | a challenge ＜ to a duel ＞ |
| 申し込み（要求すること） | a request ＜ for an interview ＞ |
| 申し込みあり次第 | upon request; on demand |
| 申し込み順に | in order of application |
| 申込書 | a written application; a letter of application |
| 申込用紙 | ［米］ an application blank |
| | ［英］ an application form |
| 応募する（職種に対して） | make an application for ＜ a position ＞ |
| 応募する（会社に対して） | file an application with ＜ a firm ＞ |
| 予約する | book ＜ a seat ＞; reserve ＜ a room ＞ |
| 注文書 | an order sheet |
| 注文用紙 | an order blank/form |
| 注文する | order ＜注文品＞ from ＜注文先［会社/国］＞ |

| | |
|---|---|
| | place an order with ＜会社＞ for ＜注文品＞ |
| 請求書 | a bill; an account |
| 証明書（事実・免許等の） | a certificate |
| 証明書（人物・資格等の） | a testimonial |
| 証明する | testify ＜ to a fact ＞; |
| | attest ＜ to a fact ＞; |
| | bear witness ＜ to a fact ＞; |
| | confirm; certify; verify; demonstrate; |
| ここに...を証明する | This is to certify that ...; |
| | I hereby certify that ... |
| 領収 | receipt |
| 金...正に領収しました | I acknowledge receipt of the sum of... |
| | Receipt from 人 the sum of... ［証書等に］ |
| 領収済 | Received.; Paid. ［書類における表記］ |
| 領収書 | a receipt ＜ for... ＞; a voucher ＜ for... ＞; |
| 仮領収書 | an interim receipt |
| 取り扱い説明書 | an instruction manual |
| 取り扱い注意 | Handle with care. ［包装表記］ |
| 天地無用 | This side up. ［包装表記］ |
| 切手 | a stamp; ［米俗］ a sticker |
| 切手を貼る | stamp ＜ a letter ＞ |
| | put a stamp ＜ on an envelop ＞ |
| 切手はここに貼ること。 | Place postage here. ［封筒上の印刷文句］ |

## 4．IT 関連重要語

| IT 関連重要動詞 | IT 用語としての意味 | 一般的な意味（主として口語） |
| --- | --- | --- |
| boot | （コンピューターを）起動させる＜ up ＞ | ブーツ、[口] 蹴飛ばす、[米俗] 解雇する |
| format | （ディスクを）初期化する [＝ initialize] | （番組・企画等の）構成、（書籍等の）型、判 |
| install | （ソフトウェアなどを）インストールする | （設備を）据え付ける、（正式に）任命する、[口]着席する＜ oneself ＞ |
| click | クリックする | [口]成功する、[口]意気投合する |
| search | 検索する | 探す、凝視する、（風等が）染み渡る |
| save | （データをディスクに）保存する | 救う、貯金する、節約する ◆ store は「記憶装置に入れる」。 |
| reverse | （文字などを）反転する | 逆（の）、（硬貨の）裏側、取り消す |
| overwrite | 上書きする | 書き過ぎる、乱作する |
| load | （データなどを本体記憶装置に）読み込む | 荷、重荷、積む、浴びせる、（カメラにフィルムを）入れる、苦しめる |
| browse | （ファイルなどを）読む | （動物が）草等を食べる＜ on ＞ |
| optimize | （プログラムを）最適化する | 楽観する、最大限に利用する |
| customize | カスタマイズする＜ユーザーが操作しやすい設定にする＞ | 特別注文に応じて造る、好みに合わせて変更する |
| back up | バックアップする＜データファイルをコピーする＞ | 支持する、援助する、（交通等を）渋滞させる、（車等が）後退する |
| paste | （データをファイルに）コピーする | 糊、こね粉、人造宝石、糊付けする |

| IT 関連略語厳選 | 元の英語表現＋(日本語訳)＋ひとくち説明 |
|---|---|
| OS | Operating System（基本ソフト） |
| CPU | Central Processing Unit（中央処理装置） |
| | コンピュータの性能を直接左右する頭脳部分。 |
| GUI | Graphical User Interface（グイ） |
| | コンピュータに対する処理の command（実行命令）や機能を icon（アイコン＝小さな図形）で画面に表示し、マウス等を利用し操作することによってコンピュータを動かす方法。 |
| WWW | World Wide Web（ウェブ） |
| | ネット上にあるホームページ（Web site）の作成や閲覧を可能にしている仕組み。 |
| BBS | Electronic Bulletin Board System（電子掲示板） |
| | 1人から不特定多数へ情報を発信できる点が email と異なる。 |
| LAN | Local Area Network（構内通信網） |
| | 会社や学校等の範囲でファイルやプリンターを共有するネットワークのこと。 |
| WAN | Wide Area Network（広域通信網） |
| | 複数の LAN を接続した広域のネットワークのこと |
| VAN | Value Added Network（付加価値通信網） |
| | 通信回線に情報処理機能を付加する通信サービスのこと |
| URL | Uniform Resource Locator（ホームページアドレス） |
| | ＜プロトコール://サーバー名＞からなる。 |
| HTML | Hyper Text Markup Language |
| | ネット上のホームページの作成に使用される言語。 |
| HTTP | Hyper Text Transfer Protocol |
| | ネット上で、WWW サーバーとユーザーのパソコン等の間で HTML 文書を送受信するための protocol（通信規約）。ホームページの URL の先頭に＜ http://＞という形で記される。 |

# ❸ 経済と企業の表現（厳選）

| 1．経済関連基本語 | 英語表現 |
|---|---|
| インフレ懸念 | inflation fears |
| 景気後退 | recession |
| 円高不況 | yen-induced weakness in economy |
| 外国為替相場 | foreign exchange rate |
| 為替差益 | translation exchange gains |
| 景気刺激策 | fiscal stimulus package |
| 好況 | prosperity |
| 経済見通し | economic outlook |
| 経済成長 | economic growth |
| 需要拡大 | advance in demand |
| 需要減退 | softness in demand |
| 失業 | unemployment |
| 貿易摩擦 | trade friction |
| 不当廉売（ダンピング） | dumping |
| 貿易収支 | trade balance |
| 貿易不均衡 | trade imbalance |
| 関税 | customs duties（対個人）; tariff（対輸入品） |
| 輸入障壁 | import barrier |
| 輸出主導の | export-driven |
| 情報化社会 | information society |
| 情報開示 | disclosure |
| 衝動買い | impulse purchase |
| 環境に優しい | eco-friendly |
| 技術開発 | technological development |

| ２．企業関連基本語（Ⅰ） | 英語表現 |
| --- | --- |
| 中小企業 | small and medium-sized companies |
| 経営理念 | management principles |
| 親会社 | parent company |
| 子会社 | subsidiary |
| 新入社員 | new recruit |
| 中間管理者層 | middle management |
| 辞職 | resignation |
| 定年退職 | retirement |
| 退職者 | retiree |
| 失業保険 | unemployment insurance（UI） |
| 企業年金 | corporate pension plan |
| リストラ効果 | restructuring benefits |
| 人員削減 | downsizing |
| （仕事・組織等を）合理化する | streamline |
| 昇進 | promotion |
| 降格 | demotion |
| 左遷 | demotion transfer |
| 栄転 | promotion transfer |
| 営業時間 | business hours |
| 有給休暇 | leave with pay［lwp］; paid holiday |
| 海外業務 | international operations |
| 海外調達 | international sourcing<br>（＝ overseas procurement） |
| 外注 | outsourcing |
| 市場独占 | monopoly |
| 不正競争 | unfair competition |
| 頭脳流出 | brain drain |
| 研究開発業務 | R&D activities |
| 研究開発投資 | R&D investments |

| 企業関連基本語（Ⅱ） | 英語表現 |
|---|---|
| 広告媒体 | advertising medium |
| 広告主 | advertiser |
| 虚偽広告 | deceptive advertising |
| 交渉中 | under negotiation |
| 団体交渉 | collective bargaining |
| セクハラの訴え | charges of sexual harrassment |
| 顧客本位 | customer-focused |
| 法人顧客 | corporate customer |
| 販売予測 | sales forecast |
| 在庫の山 | inventory pileup |
| 店頭市場 | OTC（over the counter market） |
| ヒット商品 | hit product |
| 季節商品 | seasonal merchandise |
| 品質管理 | quality control（QC） |
| 販売管理 | sales management |
| 生産能力 | capacity |
| 新規出店 | new store opening |
| 陳列スペース | shelf space |
| 卸売物価 | wholesale prices |
| 希望小売価格 | suggested retail price |
| 販売権 | distribution rights |
| 販売促進 | sales promotion（SP） |
| 販売力 | marketing skills |
| 売場における広告 | point-of-purchase（POP） |
| 流通経路 | distribution channel |
| マーケティング業務 | marketing operations |
| マーケティング戦略 | marketing strategy |
| 品質ムラ | variable product quality |
| 売上ノルマ | sales quota |

| 3．企業関連高度語（I） | 英語表現 |
|---|---|
| 運転資金 | working capital |
| 自己資金 | internally generated funds |
| 転換社債 | convertible bond |
| 貸借対照表 | balance sheet（b.s.） |
| 損益計算書 | income statement<br>[＝ profit and loss statement] |
| 損益分岐点 | breakeven point |
| 減価償却 | depreciation |
| 評価損 | valuation loss |
| 為替差損 | foreign exchange loss |
| 累積損失 | accumulated loss |
| 負債（債務） | liabilities |
| 先行投資 | advance investment |
| 設備投資 | capital investment |
| 分散投資 | diversification |
| 無担保融資 | unsecured loan |
| 不動産担保融資 | property-backed loan |
| 融資枠 | credit facility |
| 中間利益 | interim profits |
| 金利減免債権 | restructured loan |
| 破綻先債権 | irrecoverable loan |
| 流動負債 | current liabilities |
| 短期債務 | short-term debt |
| 長期債務 | long-term debt |
| 債務不履行 | nonperformance |
| 債務超過 | negative net worth |
| 商標権者 | trademark owner |
| 疑似商標 | similar trademark |
| 機密文書 | classified document |

| 企業関連高度語（II） | 英語表現 |
|---|---|
| 刑事責任 | criminal liability |
| 無過失責任 | strict liability |
| 著作権侵害 | copyright infringement |
| 企業決算 | earnings report |
| 財務諸表 | financial statements |
| 株式の含み益 | unrealized gains |
| 先物取引 | futures contract |
| 株式資本利益率 | return on equity |
| 転換証券（社債、優先株） | convertibles |
| 株主代表訴訟 | derivative action ［＝ shareholder suit］ |
| 機関投資家 | institutional investor |
| 組織の硬直化 | organizational inertia |
| 取締役会議事録 | minutes of the directors' meeting |
| 社外取締役 | outside directors |
| コスト競争力 | cost-competitiveness |
| 製品差別化 | product differentiation |
| 営業担当区域 | sales territory |
| 説明責任 | accountability |

# The Golden Rule

for Brush up your writing while adding variety to your expressions!

# Perfect Writing

# 英文レポートを書くための10の法則

### 法則1　同じ表現や構文はできるだけ避けよ

### 法則2　基本語の語法に注意しよう

### 法則3　キーワードは簡潔なものにする

### 法則4　内容ごとに段落わけをすること

### 法則5　段落の最初の文を簡潔にすること

### 法則6　対比表現を工夫して用いること

### 法則7　強調表現を工夫して用いること

### 法則8　和らげる表現をうまく使うこと

### 法則9　定義文をうまく利用すること

### 法則10　ユニークな発想で印象づけよ

　上記の10の法則は、英文レポートを実際に書くときに注意すべき事柄を示しています。レポートは、特に指定がなければ、序章、本章、及び結論の章の3つで構成するとよいでしょう。各章で注意すべきポイントがあります。更に、各章は上の10の法則と対応しています。各章のポイントと対応する法則をまとめておきます。

　　（1）序章のポイント　　　面白そうであること　　（法則1〜法則3）
　　（2）本章のポイント　　　分かりやすいこと　　　（法則4〜法則6）
　　（3）結論の章のポイント　印象を強くすること　　（法則7〜法則10）

　上記の10の法則と各章のポイントは、この第6章の第2節で詳しく述べます。それでは、具体的な英文レポートをしっかりと研究して、現実の場面で活用してください。

# ❶具体的なレポートの例

　実際のレポートの例を挙げて、レポートの書き方のコツを学びましょう。同時に有効な英語表現も身につけましょう。以下のレポートは、実際に筆者が学生時代に書いた英文レポートです。本節では英文と訳を見開きで載せます。次節でこのレポートの解説を行い、実際にレポートを書く時のコツを学びます。

= = = = = = = = = = = = = = = = = = = = = = = = = = = = = = = = =

## HOW TO COMBINE THE GRAMMAR-TRANSLATION METHOD

## AND COMMUNICATIVE APPROACH SUCCESSFULLY

### ---Towards the Ideal Teaching of English in Japan---

Takayuki ISHII

「文法訳読法」と「コミュニカティブ・アプローチ」をどう組合せるか？
————————日本における理想的な英語教育に向けて————————
石井　隆之

## 0．序章

　私の教育経験、特に塾の読解クラスでの経験から、「文法訳読法」（以後 GT と略す）が依然として機能し成功を収めていることが言えると思う。私は、英文のパッセージの難しい部分は文法的説明がなければ生徒達に理解させるのは難しいことをよく体験する。しかし、印や記号を幾つか使ってその文法的な説明を行うと、生徒達はよく理解するようになることが多いということが分かった。例えば、複雑な文を次のように説明するのである。

　　⑴機械のお陰で、我々は、鉄道や自動車が発明される以前なら、身体
　　　が最も頑強な冒険家以外は誰もが旅行しなかったような、わが国の各
　　　地域を訪れることが簡単になった。

　一方、国際化が日本の人々に対して英語でコミュニケーションができることを要求し、当然のことながら、英語教育の分野においては、勿論リスニングやスピーキングのような英語の実用面が以前に比べ強調されるようになった。そして私は、英語の実用面を教える目的では「コミュニカティブ・アプローチ」（以後 CA と略す）を推奨する。

　この研究ノートで、私は、独自に長期的に抱いていた教育に関する考えを具体化して、上記に紹介した2つの方法論を組合せることによって生み出すことが可能である新しい方法論を提案することによって、英語教育に関わる現状を改善する具体的方法の1つを探りたい。

# 0 . Introduction

From my own teaching experiences, especially at cram schools' reading classes, I can say the Grammar Translation Method（henceforth, GT）still works successfully.　I often find it hard to have my students understand English passages without explaining the grammatical points of some difficult parts of the passages.　However, by using a certain limited number of signs and symbols in my explanation of such grammatical points, I just learned they would often be able to better understand.　For example, I explain a complicated sentence in the following manner:

(1) Machines have made ／it＼ easy for us ［to visit ［parts of our
　　　　S　　　　V　　（仮O）　C　　　　　　真O
　　　country］（to which ［no one（but the sturdiest advernturers）］
　　　　　　　　　　　　　　　　　　　S'
　　　traveled ＜before railroads and automobiles were invented＞）］.
　　　　V'　　　　　　　M'

On the other hand, internationalization has come to urge people in Japan to be able to communicate in English, so quite naturally in the field of English education, practical aspects of the English language, which are, of course, listening and speaking, came to be emphasized more than before.　I believe in the Communicative Approach（henceforth, CA）for the purpose of teaching practical aspects of English.

In this short note, I will seek for just one of the specific ways to better the present situations concerning English education in Japan by crystallizing a long-standing idea of mine on education and by presenting a new method which can be created by combining the above-mentioned two approaches.

## 1．なぜ GT と CA を組合せるべきなのか？

　考えられる要因を全て考慮すれば、日本における今世紀の英語教育のために少なくとも 2 つの教授法が必要であると、私は思っている。私の主張は、GT と CA の組合せた授業を 1 週間に 1 つ行うということである。

　私がこう主張する理由は 5 つある。第 1 の理由は、私の教育経験が語っているのであるが、これらの教授法を適切に用いれば、どちらも効果があるということである。このことが最も強力な理由である。私はいわゆる語学学校で CA を試みたがうまく機能した。また先程述べたように、GT は依然として実行可能な方法である。

　第 2 に、なぜ 2 つの教授法を組合せなければならないのかという問題に答えなければならない。それは、人間は多様性を好み、基本的には長時間同じことをするのを嫌がるからである。飽き飽きしてしまうのである。2 つの方法を組合せると授業は面白く新鮮なものとなる。

　第 3 に、我々は 1 つの教授法に執着すべきではない。人間はひとつの原理のみに集中する傾向があることが、例えば宗教活動等を見れば、明らかである。しかし、教育にはもっとダイナミックな柔軟性が必要である。教育においては、「折衷主義」が肝心であるということを念頭に置かなければならない。どんな教授法でも何か良い側面があれば、それを教育に積極的に取り入れるべきであろう。

　第 4 に、なぜ組合せ教授法が 1 つのクラスのみで用いられなければならないのかと尋ねられるかもしれない。勿論、理想的には、現カリキュラムにおいて英語会話のクラスがもっと存在すべきである。しかし、ネィティブの英語教師とコミュニケーションの観点で十分に英語を駆使する能力のある日本人教師の不足のために、現在では不可能である。そこで、とりあえず、両教授法を 1 週間に 2 以上のクラスではなく、1 つのクラスで用いるのである。

　付け加えておかなければならないことであるが、1 週間に 1 回程度の会話クラスを持つだけでは十分とは言えない。たとえそれぞれの日のそれぞれのクラスが短いものであっても、できれば毎日会話クラスがあることが重要である。しかし、現状から毎日会話クラスを導入するのは非常に困難であろう。現実的なことは、CA を少しでも全ての英語クラスに組み込ませることである。

　最後に我々はこの方法による英語教育で、効果を期待できるということであ

## 1. Reasons Why GT and CA Should Be Combined

Considering all the conceivable factors, I think we need at least two methods for this century's English education in Japan. My assertion is that the combination of GT and CA should be employed for one class in a week.

There are five reasons for this assertion of mine. The first reason is that my teaching experiences tell me that both methods work if they are used in an adequate way. This is the strongest reason. I tried CA at a so-called language school, and it worked well, and as I mentioned earlier, GT is still a workable method.

Secondly, I have to answer the question why we have to combine the two methods. This is because human beings like variety and basically are reluctant to do the same kind of thing for a long time: it is boring. I believe the combination of the two will make our classes intriguing and refreshing.

Thirdly, we should not stick to only one method. It is clear that human beings have such a tendency of concentrating solely on one principle, if we look at religious activities, for instance.[1] But education requires more dynamic flexibility. In education, we should bear in mind that 'eclecticism' is the name of the game. If we find something good in any kind of method, we should use it in our teaching positively.

Fourthly, I may be asked why the combination has to be used only in one class. Ideally, of course, we should have more classes for teaching English conversation in the current curriculum, but since we have a shortage of native English teachers and also Japanese English teachers who have a sufficient command of English in terms of communication ability, it is now impossible. So for the time being, the combination method of GT and CA should be employed in one class, not in two or more classes, in a week.

And I have to add that it is not enough to have a conversation class only once a week. It is important to have one, if possible, every day, even if

る。なぜなら、この方法の導入によって、色んな種類の活動を通じて自らの言語能力を高める絶好の機会を、生徒達に提供しやすくなるからである。その活動とは＜頭＞で考えること、＜手＞で書くこと、＜目＞で読むこと、＜耳＞で聞くこと、＜口＞で話すこと、おそらく＜体＞でコミュニケートすること等である。

## ２．２つの教授法の組合せにおける３段階

　では、現実の教育の現場でこの２つをうまく組合せるための具体的プランについて私見を述べたい。
　私のプランは50分授業を３つの段階に分けるということである。

　　(2)組合せ教授法における３段階

| 段階Ⅰ | 段階Ⅱ | 段階Ⅲ |
|---|---|---|
| GT | CA | Consolidation |

　(2)において、段階ⅠはGTに基づき、段階ⅡはCAに基づく。段階Ⅲは生徒達が学んだことの定着を目的とする。
　GTに基づく段階を最初に設定する理由は、構造を理解することなしに英語のパッセージの意味を捉えることができないという考えに基づいている。
　定着という段階がどのクラスにおいても最重要なので、最後にもってくる。この段階においては、生徒に重要な語句や文をリピートさせて、暗記したり更に理解したりするのに役立つようにさせる。
　20分が段階Ⅰで、もう20分が段階Ⅱに費やされ、残りの10分で定着させる。文の様式や難易度は段階により異なるかもしれないが、パッセージの中身は３つの段階を通してお互いに関連しているべきである。言い換えれば、＜構

each class for each day is going to take a short time. However it may be very hard to introduce a daily conversation system under the present situations. More realistic is to incorporate even a bit of CA into any English class.

Lastly, we can expect good effects from teaching English this way, because by introducing this method, we can easily give students a golden opportunity to enhance their linguistic ability through all sorts of activities: thinking by <u>brain</u>, writing by <u>hand</u>, reading by <u>eyes</u>, listening by <u>ears</u>, speaking by <u>mouth</u> and communicating probably by <u>body</u>.

## 2. Three Stages in the Combination of the Two Methods

Now, I would like to mention a specific plan that I have in mind for the successful combination of the two in actual teaching situations. My plan is to divide a 50-minute class into three stages:

(2) Three stages in the combination method

| STAGE I | STAGE II | STAGE III |
|---------|----------|-----------|
| GT | CA | Consolidation |

In (2), STAGE I is based on GT, and STAGE II, on CA. STAGE III aims to consolidate what the students have learned.

The reason why I put the GT-based phase in the beginning is based on the idea that without understanding structures the students cannot get the message of an English passage.

Because consolidation is the gist for any class, I just put it at the end. In STAGE III, I have the students repeat some of the important phrases or sentences to help them memorize them and understand them more.

20 minutes will be used for STAGE I, another 20 for STAGE II, and the remaining 10 for consolidation. Sentence styles and degrees of difficulty

造＞（文法面）が異なるかもしれないが、＜状況＞（場面など）が同じである
べきである。

　段階Ⅰでは、読むための英語のパッセージが生徒に与えられるが、時間を
考慮して、2～3の大変難しい箇所のみが教師によってGTを用いて説明され
ることになる。そのGTを利用した説明では、黒板の効率的で効果的な使用が
望まれる。

　段階Ⅱでは、生徒は英語を話す多くの機会が与えられるべきである。段階Ⅰ
では教師がクラスをリードするのに対し、段階Ⅱではクラスをリードするのは
生徒側である。しかし日本の英語クラスでは、最初から生徒にはきはきと話さ
せるのは通常難しいので、教師が最初に幾つか質問などして沈黙を破ることが
必要だと思う。

　段階Ⅲでは、音読することがそのメソッドの主要なものである。その場合、
私がコメントしなければならないことは、教師の英語の発音が適度に上手であ
るべきだということである。つまり、教師は英語の音声体系をある程度まで習
得しているべきである。


## 3．だれに向けたものなのか？

　GAとCAの組合せ教授法（以後GT-CA法と呼ぶ）がだれを対象としてい
るのかということが次の質問となろう。私のこの提案は中学校の英語クラスに
最も適合するものだと思う。しかし、学校数は極めて少ないが、いわゆる受験
英語を意識した有名校では、私の提案が実行不可能ではないかと思われる。こ
の点を考えると、私のメソッドは大学のクラスでもよく機能することは確かで
ある。特に、一般英語（あるいは全般的な英語）と直訳されるような総合英語
といわれるコミュニケーションを重視したクラスでは有効だろう。その場合、
授業時間が50分から90分へ延長するような形で若干の変更をするということ
が条件となる。理由は単純である。大学生は受験を気にしなくても良いからだ。

　ある幾つかの有名校では、生徒は、実用面が高く評価されないペーパーテス
トに合格するような教え方がなされている。そのような学校でもコミュニケー
ションを重視する先生はおられるが、特に生徒達の親からのプレッシャーが原

may be different between the stages, but the content of the passage should be interrelated across the three stages.　In other words, <u>structures</u> may be different but <u>situations</u> should be the same.

At STAGE I, an English passage is given to students to read it, but in the interest of time, only two or three of the most difficult parts are supposed to be explained by the teacher using GT, in which an efficient and effective use of the blackboard is recommendable.

At STAGE II, the students should be given a lot of chances to speak English: we can note that at STAGE I the teacher leads the class, while at STAGE II, it is the students who lead the class.　However, it is usually hard to have the students speak out in the beginning in Japanese English classes, so I think the teacher should break the ice by asking some questions first.

At STAGE III, reading aloud is the main method we can use.　In that case, one thing I have to say is that the teacher should be able to pronouce English to an adequate degree, which is to say he or she should have mastered the sound system of the English language to some extent.

## 3. Who Are Targeted?

Who are targeted by the Method of Combining of GT and CA (henceforth, GT-CA) may be the next question.　I think my proposal best suits junior high school English classes, but I am afraid to say that my plan will not be workable in the so-called entrance-examination-conscious prestigious schools, though the number of such schools is quite limited.　Considering this aspect, my method, I am sure, will also work well in college classes, especially those centering on communication called *Sogo-eigo*, which literally means general English (or overall English), if time management is slightly adjusted from 50-minute classes to 90-minute classes.　The reason is simple: there is no need for college students to worry about entrance exams.

In some prestigious schools, students are taught so that they will pass

因で、彼らの理想とする教育を実行していくのは困難であるのが実情である。

　いわゆる受験英語がそれほど強調されていない学校でさえ、私の計画は中学や高校の３年生のクラスでは恐らくあまり役立たないかもしれない。何故なら多くの場合、生徒は上位の学校を目指して受験のためだけに勉強するからである。

　しかし、大抵の中学の殆どの１年生及び２年生のクラスでは、私の方法論は大変効果的であろう。何故なら、段階Ⅰと段階Ⅱは同じレベルの英語を扱えるからである。


## ４．結論

　GT-CA 法は、これまでに議論したように３段階で導入するならば中学１～２年の英語クラスには役に立つであろう。

　もし、１週間にたくさんクラスがあるなら、例えば６つの英語クラスがあれば、たった１つのクラスで GT-CA 法を用いる必要がないと主張する人もあるかもしれない。つまり、GT をあるクラスで、CA を別のクラスで採用するという方法だ。しかし、私は敢えて GT-CA 法を推奨する。その理由は、現在のクラスサイズが小さくならないかぎり、CA のみをクラスで機能するようにすることは困難だからである。

　組合せで解決できる問題は多い。そのうちの１つが、クラスサイズの問題への解決策である。我々は GT を用いてクラスを全体として教えることが可能である。一方、クラスを幾つかにグループに分けると CA に最も適合する。

　もし CA を授業全体に渡って用いる場合は、授業が行われている間は幾つかのグループに分けるのが望ましい。しかし、その場合、全体としてのクラス活動が存在しなくなり、クラスとしては意味がなくなる。つまり、クラスがうまく機能していないということになる。だから、GT-CA 法が、クラスサイズが大きい限り、目下のところ考えられる最善のメソッドというわけである。

the written test where the practical side of the English language is not highly evaluated. Even in such schools there are teachers who put greater emphasis on communication, but in reality their ideal teaching is very difficult to carry out there because of pressure especially from the students' parents.

Even in schools where the so-called Examination English is not so greatly emphasized, my method will probably not be as useful for the third-year students either at junior or senior high schools, because in many cases they have to simply study for the entrance examinations to higher education.

But in most first- and second-year English classes at most junior high schools, my approach would be very effective, because STAGE I and STAGE II can deal with almost the same degree of levels of English.[2]

## 4．Conclusion

GT-CA may be a useful method for first- and second-year junior high school English classes if it is introduced in the three stages which have been discussed so far.

If there are many classes in a week, 6 classes of English for example, some may maintain that GT-CA in one and the same class is NOT needed, which means we can have some classes where GT is used and others employing CA. But I dare say GT-CA is still recommended. The reason is that unless the present class size is reduced, we may have difficulty making the application of CA alone workable in class.

Combination solves many problems; one of them is the solution to the class size. We can teach the class as a whole by using GT, whereas we have to divide the class into several groups, to best suit CA.

If we use CA all through the class, of course it is better to divide the class into several groups during the whole classroom activity, but in that case, classwork as a whole does not exist, leading to a meaningless class, by which I mean the class does NOT function well. This is why GT-CA is

最後ではあるが、重要だと思うことを述べる。もし、英語を教える場合に銘記しなければならないコンセプト（教授法ではない）で２つ非常に重要なものを挙げるよう尋ねられたら、私はそれはＬとＲであると答える。Ｌはロジックを意味し、Ｒはリズムを意味する。これら２つの要因は英語学習に大変意味のあるものだからである。

　ＬはＧＴを通して活性化され研ぎ澄まされるし、ＲはＣＡを通して得ることが可能だからである。


　　(3)英語学習に重要な２コンセプト
　　　ａ．Ｌ：論理性　　（ＧＴ）
　　　ｂ．Ｒ：リズム　　（ＣＡ）

　このＧＴ-ＣＡ法に関連する詳細事項については今後の研究に委ねたい。この研究ノートに関し、提案やコメントを乞いたい。

注
１．皮肉なことに、宗教の最も重要な目的は人間をものに執着するという性癖から完全に解放することのようであるのに、人間は宗教に盲目的に執着する傾向がある。
２．高等学校のレベルでは、段階Ⅰは段階Ⅱに比べ、文の構造において数段難しい。

the best method I can think of at present as long as the class size is large.

Last but not least, if I am asked to mention the two most important concepts, (not methods), which we have to keep in mind when teaching English, I will say that they are L and R.　L stands for <u>logic</u> and R stands for <u>rhythm</u>.　This is because these two factors are especially significant for the study of English.　L can be activated and sharpened through GT, while R is something we can obtain by way of CA.

(3) Two Important Concepts for English Learning
　　a. L ： Logic　　　(GT)
　　b. R ： Rhythm　　(CA)

I will leave all the related details of this GT-CA for furture research and would welcome suggestions or comments on this short note.

NOTES
1．Ironically enough, the most important aim of religion seems to be seeking for absolute freedom from humans' propensity to stick to things, but they tend to stick to the religion blindly.
2．In the senior high school level, STAGE I will be far more difficult than STAGE II in terms of sentence structures.

# ❷ レポートの書き方のコツのコツ

## ■1. 序章での技法

序章（導入部）は次のような構成で成り立つ場合が普通です。

特に本論だけ書くように指示されていない限り、上の方式で序章部分を書くとよいでしょう。レポートで示した例では、書き出し部分は①を採用しています。

序章に求められるポイントは、EYE-CATCHING（パッと目に留まる）ということです。

### 序章のポイント：面白そうであること

何かユニークな話が入っているとか、ジョークが入っているとか、あれっと思うような図があるとか、何らかの工夫が必要でしょう。＜面白そう＞と思わせることが重要なんですよ。面白そうでなければ、続きを読んでもらえないからです。

先のレポートでは、(1)のところの記号を用いた英文の文法説明の図が1つの工夫です。

更に注意すべきことを3つ述べておきましょう。

### 法則1　同じ表現や構文はできるだけ避けよ

例えば、序章の最後のパラグラフに a new method と two approaches の表現が出ていますが、method も approach も同意です。他に例を挙げると....。
(1)「例えば」・・・for example（序章）, for instance（第1章）
(2)「強調する」・・・emphasize（序章）, put emphasis on（第3章）

(1)は構文的には同じでも単語が違う例、(2)は単語が同系でも構文が違う例です。

(1)序章第2パラグラフの believe in

　　① in の後に神がくると、「神の存在を信じる」

　　② in の後に人がくると、「人を信頼する」

　　③ in の後に事がくると、「事の価値を信じる」

　レポート例では③の意味です。

　この意味では、動名詞もくることがあるのに注意しておきましょう。

　　　　She believes in getting plenty of exercise.

　　　　（彼女は十分運動することがよいことだと信じている。）

(2)序章第3パラグラフの better

　これは動詞で使える便利な単語です。意味は「よくする」となります。レポート例では他動詞で使われていますが、自動詞用法もあることに注意しておきましょう。

　　The world food situation will better in the near future.

　　（世界の食糧事情は近い将来よくなるでしょう。）

　このように、通常は別の品詞で有名な語が動詞用法を持っている場合がありますが、その中でもレポートに有益と思われる文例を1つ挙げておきましょう。

　　Let us further our discussion.

　　（議論を更に進めてゆきましょう。）

　レポート例では、教授法の Grammar Translation Method や Communicative Approach という表現が頻出するので、簡略表現を用いています。

　< henceforth ～>という表現は「これから～を使う」という意味です。henceforth の代わりに henceforward という表現も使えます。

269

　レポート例では、本章（本論部）は１〜３章で構成されています。本章で大事なことは、論理的であり、分かりやすいこと。

　本章のポイント：分かりやすいこと

　分かりやすくするために注意すべき点も３つあります。法則番号は４〜６です。

### 法則４　内容ごとに段落分けをすること

　例えば、レポート例の第１章は次のような内容で段落分けがされていますね。

- ・第１パラグラフ　　著者の提案を示す。
- ・第２パラグラフ　　その提案の理由１「２つの教授法は有益だ」
- ・第３パラグラフ　　その提案の理由２「２つを組合せる意味」
- ・第４パラグラフ　　その提案の理由３「１つにこだわってはいけない訳」
- ・第５パラグラフ　　その提案の理由４「１クラスでしかできない訳」
- ・第６パラグラフ　　理由４に関して追加的な提案
- ・第７パラグラフ　　その提案の理由５「全体的活動を提供できる」

段落分けの際、重要となってくるのが、つなぎ表現です。ここでは、理由５つを導入するのに、分かりやすいつなぎ表現を用いていますね。

- ・The first reason is that...
- ・Secondly,...
- ・Thirdly,...
- ・Fourthly,...
- ・Lastly,...

### 法則５　段落の最初の文を簡潔にすること

　段落の最初が長い文で始まると分かりにくい文章だなという印象を与えるので、＜分かりやすい文＞→＜内容の詰まった文＞という流れを作るのがよいでしょう。段落最初の文として、私が推薦するものの中に、＜質問＞の利用があります。

これは、質問形式を応用した論の展開の方式です。

レポート例で見てみましょう。

・第1章第3パラグラフの例

　I have to answer the question why we have to combine the two methods.

・第1章第5パラグラフの例

　I may be asked why the combination has to be used only in one class.

・結論の章第5パラグラフの例

　...if I am asked to mention the two most important concepts...

このような質問利用形式の例を他に挙げておきましょう。

　・Some would ask a question about... （...に関する質問をする人がいるだろう）

　・The question may arise whether... （...かどうかという問題が起こり得る）

　・The situation will pose a problem. （その状況では問題が生じる）

## 法則6　対比表現を工夫して用いること

　重要な概念の対比は下線を引くとか、全て大文字にするとか、イタリックにするとかの工夫があるとよいでしょう。下線の例は第1章最終パラグラフと第2章第5パラグラフにあります。また、大文字の利用は、STAGE I, II, III という表現に見られます。一般に対比効果は下線を引くことで間に合うでしょう。

　また、対比表現も文のような形になれば、同じ構文を使うことになり、法則1に反しますね。その場合「省略」の方法を用いて、同じ構文の繰り返しに見えないようにします。その例も第2章第5パラグラフにあります。重要箇所以外で同じ表現部分は省略できるのです。本文では、下の例文の波線部が省略されています。

　20 minutes will be used for STAGE I, and another 20 minutes will be used for STAGE 2, and the remaining 10 minutes will be used for...

レポートの最後は、注や参考文献や補足資料がある場合を除き、結論で締め括ります。その結論の章（結論部）のポイントは＜印象の強さ＞です。

### 結論のポイント：印象を強くすること

結論の章は、本章の最初の辺りで述べた主張をまとめる役割を持ちますが、同じような内容を用いてまとめるのでは芸がありません。また、本章で触れることができなかった情報や意見を加えて、この章を締め括ることもできます。レポート例では(3)のＬとＲの発想が、印象付けに一役買っていますね。

### 法則7　強調表現を工夫して用いること

どんなことでも、議論を進めてゆくうちに強調したいことが出てくるものです。その場合、次の３つの方法が可能です。

・その１　語彙的な強調：　ユニークな語彙を用いて強調する。

> 例 ①＜単語＞...is the gist ...（...が骨子だ）
>
> ［第２章第４パラグラフ］
>
> ②＜熟語＞...is the name of the game.（...が肝心だ）
>
> ［第１章第４パラグラフ］

・その２　構文的な強調：　強調構文や並列構文を用いて強調する。

> 例 ①＜強調構文＞It is the students who lead the class.
>
> ［第２章第７パラグラフ］
>
> ②＜並列構文＞...efficient and effective ...
>
> ［第２章第６パラグラフ］

・その３　文字的な強調：　文字を大文字やイタリックで、また下線を引いて強調する。

> 例 結論の章の第２・第４パラグラフの NOT がその例です。

他に使える強調表現を挙げておきましょう。

> This is an operative word.（これは肝心な言葉である。）
>
> It is the be-all and end-all.（それは究極の目的である。）
>
> The following are the meat and potatoes.（以下に要点を示します。）

## 法則8　和らげる表現をうまく使うこと

　議論をしている場合、強く言い過ぎないことが必要な場合があります。つまり柔らかい表現を用いた方が印象がよい場合があります。その場合の手法としては、次の2つが代表的です。
　・その1　助動詞を利用する。
　　　　例　L can be activated...＜ can は意味を和らげる効果を持つ＞
　　　　　　［結論の章第5パラグラフ］
　・その2　副詞を利用する。
　　　　例　...not so greatly emphasized ... また、... will probably not be...
　　　　　　＜副詞は全体的な語調を和らげる＞［第3章第3パラグラフ］
　助動詞と推量の副詞とのコロケーションに注意しましょう。
　　① may possibly ...（ひょっとしたら...かもしれない）
　　② will probably...（恐らく...であろう）
　　③ must certainly...（きっと...に違いない）
　推量の確信度は①②③の順に強くなります。

## 法則9　定義文をうまく利用すること

　文は簡潔なほど印象に強く残ります。その意味で、あることを定義する文は利用価値があります。また、普段から自分自身で定義文を作っておけば、いざというとき、役に立つでしょう。レポート例では、次のような文が利用されていますね。
　・Human beings like variety.　［第1章第3パラグラフ］
　・Combination solves many problems.　［結論の章第3パラグラフ］
　参考までに、ユニークな定義文を紹介しておきましょう。
　・Time will do the rest.（後は時間が解決してくれる。）
　・Eternity is the amount of time to know everything.
　　（永遠とは全てのことを知るのにかかる時間だ→全てを知るのは不可能だ）
　・The tail wags the dog.
　　（尻尾が犬を振っている→本末転倒である）

　レポート例では結論の章の最後に＜英語学習のポイントはＬとＲ＞という言い方をしています。

　印象が大切である結論の章では、自己アピールをする最後のチャンスです。序章の部分でアピールをし過ぎると、レポートが尻窄み状態になるので、極め付けの発想は結論まで残しておくことが、ひとつの技術と言えます。

　レポート例であったＬＲの発想は、私が以前から抱いているものですが、これを＜英語のＬとＲ＞と命名しています。他にどんなものがあるか、少し挙げると...。

| | | |
|---|---|---|
| 人生のＬとＲ： | Love and Reason | 愛（慈悲）と理性（知恵） |
| 通訳のＬとＲ： | Listening and Response | 聴解力と反応力 |
| 教師のＬとＲ： | Leading and Reading | 学生指導と自己研鑽 |

　最後に、英語教師は次の「７者」であるという、ユニークな私の持論で締め括ることにしましょう。

| | | | |
|---|---|---|---|
| ① | Translator | 訳者 | （英語が訳せないといけません） |
| ② | Entertainer | 役者 | （楽しい授業を展開すべきです） |
| ③ | Astrologer | 易者 | （学生の将来の相談にも対処を） |
| ④ | Caretaker | 侍者 | （学生のケアをしっかりする人） |
| ⑤ | Hallow | 聖者 | （教師は聖職と言われて久しい） |
| ⑥ | Enthusiast | 猛者 | （どんなことにも一生懸命の人） |
| ⑦ | Researcher | 学者 | （学問を追求し自己研鑽する人） |

　※①〜⑦の頭文字を並べると Teacher になります！

# ❸ 役に立つ表現の拡充

## ■1．副詞的表現の拡充

　レポート例の中にも色々な副詞が出てきましたね。basically（基本的に）とか literally（文字通り）などは重要な副詞です。他にレポートで役に立つ少々高度な表現を挙げておきましょう。

| 日本語 | 英語 |
| --- | --- |
| 表面的に | apparently; externally; outwardly; to all appearances; on the surface of things |
| 実質的に | practically; virtually; substantially; materially; in effect; in point of fact; to all intents and purposes |
| 十分に | sufficiently; thoroughly; in full; to the full; to the fullest measure; in a thoroughgoing manner |
| 正確に | exactly; precisely; accurately with exactness; with precision; with accuracy |
| 明らかに | clearly; plainly; distinctly; definitely; evidently; obviously; patently; manifestly; explicitly; expressly |
| 確かに | undoubtedly; unquestionably; indisputably; decidedly; markedly |

## ■2．前置詞句の拡充

　前置詞句もレポートに頻出する表現があります。先のレポート例では、in the following manner（次のような方法で）［序章第1パラグラフ］とか in the interest of ～（～を考慮して）［第2章第6パラグラフ］という重要表現があります。他に有益な表現を挙げておきましょう。

| 日本語 | 英語 |
|---|---|
| ～の観点から | in terms of ～; from the viewpoint of ～ |
| この観点から | viewed at this angle; viewed in this light; from this point of view |
| ～の場合には | in case of ～; in the case where ～; in the event of ～; on the occasion of ～; in time of ～ |
| ある場合には | in certain cases; under certain circumstances |
| いかなる場合にも | in all cases; under all circumstances; through fair and foul |
| 目下の状態では | in the present circumstances; in the present state of things; as matters stand now; as the case stands at present |
| ある程度まで | to some degree; to a certain extent; in some measure; up to a certain point |

## ■3．イディオムの拡充　（レポートに役立つ口語イディオムを厳選）

　レポート例の第2章第7パラグラフに break the ice（話の口火を切る／座を打ち解けさせる）が出てきますが、ice を使ったイディオムから、表現の拡充を目指しましょう。

| 英語 | 日本語＋用例 |
|---|---|
| cut no ice | 役立たない、影響しない<br>例　What others say cuts no ice with him.<br>　　（他人の言うことは彼には影響しない。） |
| on ice | 棚上げにして、保留して<br>例　Let's keep this project on ice for now.<br>　　（今はこのプロジェクトを保留にしておこう。） |
| skate on thin ice | 薄氷を踏む思いで、危険な状態で<br>例　What you say is often illogical; you talk as if you are skating on thin ice.<br>　　（君の意見は甘いね。まるで薄氷を踏んでいるみたいだ。） |
| hold water | ＜疑問文・否定文で＞（論理などが）辻褄［つじつま］のあわない<br>例　His arguments do not hold water.<br>　　（彼の議論は辻褄があわない。） |
| throw cold water | （計画などに）水を差す、けちをつける<br>例　The boss often throws cold water on our plans.<br>　　（上司は我々の計画に水を差すことが多い。） |
| get up steam | 元気を出す、怒る<br>例　We should get up steam to carry out the plan.<br>　　（その計画は馬力をかけて実行しなければならない。） |
| let off steam | うっぷんを晴らす<br>例　She runs great distances to let off steam.<br>　　（彼女はストレス解消のために長距離を走る。） |

# ❹ 英語を書く力の身につけ方──秘中の秘

## ■1. 情報と意見を分けよ

次の文を見てみましょう。

(1) The boss suggests that the project is feasible.

(2) The boss suggests that the project be feasible.

意味は次の通りです。

(1)上司はそのプロジェクトが実行可能であるとほのめかしている。

(2)上司はそのプロジェクトが実行可能にすべきだと主張している。

is と be (= should be において should を省略した形)では大違いですね。ここで注意すべきことは、(1)の that 以下は、客観的な情報ではなく、この文の主語(即ち、上司)の主観的な意見である点です。そして、(2)の that 以下も上司の意見を表わしているので、意見を提示している点では(1)も(2)も共通しています。違いは、上司の現状の認識 [ =(1)] であるか、未来への提案 [ =(2)] であるかの違いです。

また、(1)や(2)の文全体の内容自体は、客観的情報と言えます。これらを話者の意見とするには、I think や My opinion is that などを文頭に付けるべきでしょう。

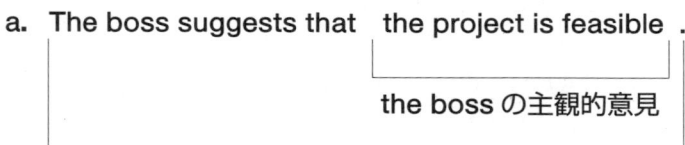

a. The boss suggests that   the project is feasible .

the boss の主観的意見

話者の有する客観的情報

b. I think  the boss suggests that  the project is feasible .

the boss の主観的意見

話者の主観的意見

自分が持っている主観的意見に異議を唱えることはできないのは当たり前ですが、前ページのaに対しても異議を申し立てることはできないことに注意しましょう。

×The boss suggests that the project is feasible, but I don't think he suggests that it is feasible.

　訳：上司は、そのプロジェクトが実行可能だとほのめかしているが、私はそんなことほのめかしていないと思う。(←確かに、この訳も変ですね)

　あくまでも、他人の主観的意見に対してのみ、反対意見が言えるんですよ。

○ The boss suggests that the project is feasible, but I don't think it is feasible.

　訳：上司は、そのプロジェクトが実行可能だとほのめかしているが、私は実行可能だとは思わない。

　もし、the boss suggests...が他人の主観的意見なら、反対意見が可能です。

○ They think the boss suggests that the project is feasible, but I don't think he suggests that it is feasible.

　訳：上司がそのプロジェクトが実行可能だとほのめかしていると、彼らは考えているが、私は彼がそうほのめかしているとは思わない。

　この文を分析してみましょう。

**They think the boss suggests that the project is feasible .**

the boss の主観的意見

they の主観的意見

以上のように、これは情報なのか意見なのか、また、どこからの情報なのか、誰の意見なのかを把握しておく習慣を身につけましょう。

次の文を比べて見ましょう。

(1) We should be in charge of the sales department.

(2) I should be in charge of the sales dempartment.

(3) I think we should be in charge of the sales department.

(4) I think I should be in charge of the sales dempartment.

これらのニュアンスの差は次の通りです。

(1)営業部を担当すべきなのは我々である、というのが話者の意見である。

(2)営業部を担当すべきなのは話者1人である、というのが話者の意見である。

(3)営業部を担当すべきなのは我々である、というのが話者の意見であるということを強調している。

(4)営業部を担当すべきなのは話者1人である、というのが話者の意見であるということを強調している。

つまり、I think を入れることにより、話者の意見であることを強調することができるわけです。通常、助動詞が入った(1)と(2)でも、話者の意見であることが分かりますが、個人的意見であることを強調したい場合にのみ、I think を使うべきでしょう。逆に言えば、会社などに報告する内容は、話者の意見を入れる場合、私的感情に捉われない、いわば、「公的な」意見であるべきなので、I think を多用することを避ければよいと言えます。

次のように、まとめることができるでしょう。

① S＋V〜．（think という動詞を用いない場合）

　　これが should なしの文 →客観的情報

　　これが should 付きの文 →主観的意見（話者の個人的意見）

② I think S＋V〜．　　　→主観的意見（話者の個人的意見の強調）

③ We think S＋V〜．　　　→主観的意見（話者を含むグループの公的意見）


■3．TROUBLE と PROBLEM の違いに目覚めよ

次の文を考えてみましょう。

(1) There is trouble brewing at the company.

(2) There is a difficult problem to solve in the office.

意味は次の通りです。

(1)会社内で問題が発生しています。

(2)会社内で解決が困難な問題があります。

trouble も problem も両方とも「問題」と日本語では訳せますが、trouble という単語は冠詞が付かない、即ち不可算名詞であるのに対し、problem という単語は、冠詞が付いている、つまり可算名詞である点が異なっています。

この冠詞の有無の違いは何を意味するのでしょうか。これは、problem の方が情況が具体化していることを表わすのですよ。例えば、何か困ったことが学校で起きているとします。その場合は、まだ trouble の段階ですが、調べてみるとそれは「いじめ」であったとします。その段階で problem となるわけです。

trouble の段階では事態は混沌としていて、具体化できないので不定冠詞が付かないのです。具体化されるとこの問題、あの問題というように、区別できるようになります。数えることができるので、不定冠詞が付くのです。

因に、その problem を更に突き詰めていくと、issue になります。その問題の中から更に重要な争点（issue）が、出てくる（＝これも issue と表現できる）わけです。

trouble については「話をする」（talk)ことはできますが、「議論する」（discuss）ためには問題点（problem)を探る必要があり、更に「討論する」（debate）ためには、更にその問題点を掘り下げて争点（issue）にする必要があります。

同様に、単に「書く」（write）だけなら trouble の段階でもいいのですが、「報告する」（report)となると、何が問題（problem）であるかを見極めなければなりません。また「論文を書く」（monograph）ためには、論点（issue）の段階まで狭められていなければなりません。まとめてみましょう。

| 段階 | TROUBLE →具体化→ PROBLEM →焦点化→ ISSUE | | |
|---|---|---|---|
| 「話す」こと に関する単語 | talk （語る） | discuss （議論する） | debate （討論する） |
| 「書く」こと に関する単語 | write （書く） | report （報告する） | monograph （論文を書く） |

　だから、レポートを書く場合は、少なくとも、問題点を明らかにする必要があることが分かると思います。問題の本質を常に見極める努力をするとよいでしょう。

### ■4．英語を書く場合に注意すべきこと―5ヵ条

　英語を書く場合に特に注意すべきことを2点挙げましたが、簡単に整理しておきましょう。

　　その1：　　情報と意見を区別しましょう。
　　その2：　　Trouble と Problem を区別しましょう。

　その2点以外に、実際に英文レポートを書く場合に銘記すべきことが5ヵ条あります。まとめておきましょう。(私はこれを『五箇条の「語」誓文』と名付けています)

　第1条　レポートの題名が分かりやすくインパクトのあるものにすること
　第2条　英文は文法的に正しいこと
　　第1項　主語と動詞が明確であること
　　第2項　名詞については、数（単数か複数か？）と冠詞（必要か？　必要なら定冠詞か不定冠詞か？）は OK かをチェックすること
　　第3項　動詞については、時制（現在、過去、未来のどれか？）と語法（自動詞か他動詞か？　他動詞なら目的語は動名詞か不定詞か？など）は OK かをチェックすること
　　第4項　前置詞の使い方は正しいかどうかチェックすること
　　第5項　修飾の仕方は正しいかどうかチェックすること
　第3条　英文は文体的に美しいこと
　　第1項　同じ表現を使いすぎないこと

　　　　　　表現を言い換えることによりマンネリ化が防げる！
　第2項　同じ構文を連続して使いすぎないこと
　　　　　　構文を言い換えることにより文体は美しくなる！
　第3項　修飾語の選択は効果的かどうかチェックすること
　　　　　　上級者ほど形容詞と副詞の使い方がうまい！
　第4項　特殊構文（強調構文、倒置構文、省略構文など）をうまく利用すること
　第5項　文は簡潔であること
第4条　英文は論理的に説得力があること
　第1項　レポート全体が序論、本論、結論の3部構成になっていること
　第2項　段落分けが適度になされていること
　第3項　段落の最初にキーセンテンス（言いたいこと）があること
　第4項　キーセンテンスをサポートしている英文が適切であること
　第5項　接続詞を頻繁に使いすぎないこと
　　　　　　接続詞を使いすぎると何を言いたいのか分からなくなる！
第5条　作文したものは必ず読み直すこと


## ■5．よりよい英語を書くための普段の準備－「英作文五戒」

　英語を書くための普段の準備に関して、5つの戒律があります。紹介しましょう。

　第1戒　不拙書戒　　拙い書き方をしないこと、つまり、書くときには常に
　　　　　（ふせっしょかい）　うまく書くという意識を持っておくこと。「私はできる」とのイメージが非常に大切で、実際、能力を向上させる。

　第2戒　少書多読　　始めから書こうとするのではなく、英語による多くのインプットを行なうべきである。
　　　　　（しょうしょたどく）

　第3戒　知量智質　　客観的知識を増やしておくと、主体的智恵が向上する。英語に限らず、日本語でも色々な本を読んだりすることにより、質の高い問題解決能力(＝智恵)が身につく。
　　　　　（ちりょうちしつ）

　第4戒　英借文戒　　英作文は自信のない英文を創造するより、知っている表現をそのまま借用する方が、間違いが少ない。
　　　　　（えいしゃくぶんかい）

283

知らない表現は書かないこと。

第5戒　語威力戒　最後は何といっても単語力。語は威力があるので、
（えいしゃくぶんかい）辞書を読むことを心がけよう。更に、自分だけの単
語帳を作ってみよう。必ず書くときに役立つ。

## ■6．レポートの題名のつけ方のヒントと具体例

　レポートの題名は、指定がない場合は、自分でつけなければなりませんが、
その際注意すべきことは次の3点（3つのC）です。
　　その1　分かりやすいこと　　（CLEAR）
　　その2　長すぎないこと　　　（CONCISE）
　　その3　人目を引くこと　　　（CATCHY）

その1：このレポートでどんな情報を伝えたいのか、また、どんな意見を述べ
　　　　たいのかについてすぐ分かるような題名が望ましいことは言うまでも
　　　　ありません。具体例を挙げて簡単に説明しましょう。下線部が役に立
　　　　つ表現です。「　　」内は題名の訳で、（　　）内はその題名に対する
　　　　コメントです。
　　（例）1. An Introduction to a Buddhist Way of Thinking　「ある仏教的
　　　　　　な思考法入門」
　　　　　　（ある仏教的な考え方を紹介するレポートである）
　　　　2. A Study on the Economic Situations in Brazil　「ブラジルの経
　　　　　　済状況の研究」
　　　　　　（on という前置詞を用いると専門的な報告である雰囲気が出る）

その2：少し長くなりそうな場合も名詞句の表現にしてコンパクトにまとめま
　　　　しょう。
　　（例）1. The Necessity of TOEIC for College Students「如何に TOEIC が
　　　　　　学生に必要か」
　　　　2. The Effects of Cell Phones on a Human Brain　「携帯電話の脳へ
　　　　　　の影響」
　　　　3. A comparison of women's fashions in the past with those of
　　　　　　today

「過去の女性のファッションと現代のファッションとの比較」

その３：人目を引くタイトルは、音声を利用した洒落的なものと、構文を利用
　　　したジョーク的なものに分けられる。
　（例）1. 洒落的なもの
　　　　Real States in Real Estate 「不動産（業者の）実情」
　　　　(real estate に発音が近い表現をわざと用いて印象的な効果を狙っ
　　　　ている)
　　　　2. ジョーク的なもの
　　　　How to Avoid Letting Sake Drink You 「酒におぼれない方法」
　　　　(「酒が人を飲む」の直訳を利用して、インパクトを高める狙いが
　　　　ある)

　参考①英文法の分野で、"While we can have a drink, why can't we have
　　　an eat?" というような論文が存在するが、これはテーマが「どうし
　　　て have an eat という表現ができないのか」ということを扱ったもの
　　　です。"On the Expression 'Have an Eat'"（have an eat という表
　　　現について）よりずっと人目を引きますね。

　　②他にタイトルに応用できる表現を挙げておきましょう。
　　　Aspects of...（...の諸相）、Analyses of...（...の分析）、
　　　A Comparative Study on...（...の比較研究）、A Comprehensive
　　　Research on...（...の総合的研究）

# エピローグ

　私はかつてオーストラリア酪農庁の日本事務局に勤務し、本庁との日々の連絡、対日本商社交渉とその経過報告、月次・年次の日本の諸情勢に関する論文などを英文で作成することを仕事としてきました。

　現在、後進を指導すべく、短期大学や専門学校などで教壇に立っていますが、そこで痛感することを述べたいと思います。

### ●外国語の向上は日本語ができなければ不可能である

　まず、日本語ができない学生が目立ちます。英語さえできればよいと思っているフシがあり、そのような学生はやはり日本語すらできないという現実があります。幼児期よりバイリンガルの環境で育った例外的なごく少数の日本人を除いて、中学から英語を習い始めた私達は日本語を母国語とする日本人であることを免れません。つまり日本語をベースとしているのであって日本語ができなければ致命的です。

　「母国語以上に外国語ができるようにはならない」という言葉を聞いたことがありますが、けだし至言と言うべきでしょう。その上で、日本人として国際人になることが大切なのであって、決して無国籍人のようになることではないのです。それは社会に出てみればすぐ分かることであって、日本企業であれ、外資系の企業であれ、日本人として勤務する以上、圧倒的に、英語から日本語へ、日本語から英語への転換ができなければならないのです。

　日本と外国が接触する場合には、このことは必須でしょう。もちろん、日本人でもダイレクトに英語で議論や会議をしたり、英文の書面をやりとりすることはありますが、少なくとも日本と関係するかぎりは、日本語を外しては仕事が成り立たないでしょう。

　「母国語以上に外国語ができるようにはならない」という先程の言葉は裏をかえせば、「外国語を向上させようと思うなら、まず母国語ができなければならない」ということにつながっていくでしょう。

### ●「母国語ができる」と「母国語がしゃべれる」はイコールでない

　ビジネスでは端的に言って、「書けるか？」ということがポイントです。つ

まり、社会人としては「書ける」ことが最重要であり、後の3技能、読む・話す・聞くは自然についてくるものです。

　会話が大変上手でネイティブと話し合っているのを見ていると、ほれぼれするような雰囲気を持っている女性が、会社からの契約書の翻訳を命ぜられて全くお手上げになった実例にも接したことがあります。このことは現在の学生諸君が母国語はしゃべっているけれども、書くことに難渋しており、英語ではそれがなおさらであることをも想起させます。欧米は契約社会であり、文書によるコミュニケーションは一層重要であることを知らなければなりません。

　日本でも対外国関係はもちろんのこと、社会全般にわたって正式なことはすべて文書でまとめられています。法律しかり、判決しかり、あらゆる契約しかりです。大事な連絡も記録も全部文書で行われたり、確認されたりしています。

　我々も大事なことは、「それは書類でちゃんとなっている（か）」とか「書面でキチンとした（か）」等と言うことがありますね。書けなければ仕事にならないのです。

## ●そもそもなぜ書けないか？

　それはまず実際に書いてみれば痛感することですが、日本語であれ、英語であれ、文書には、形式と正確さが要求されることに気が付きます。その上に、日本語と英語間の転換の場合には表現の相異があり、また、技術文書の場合には専門用語とその知識が更に加わってきます。

　会話の場合には、言葉以外にジェスチャーとか表情、雰囲気や音声の抑揚までも脇役として活躍するし、恋人の場合には目だけで話をすることもできるかも知れません。文書ではそういうわけにはいきません。「書くこと」がすべてです。相手方に通じなければいけないし、誤解を与えてもいけません。そのうえにしかるべき形式にのっとっていなければなりません。日本人が英語で文書化する場合、上の要求を満たすためにはまず文法的に正しくなければなりません。

　「文法なんか気にしていたらしゃべれない」というわけにはいかないのです。それは英文を日本文に直すときでも同じです。そのうえに日本語・英語双方にそれぞれ独特の表現があり、それに通じなければなりません。

例1）

「今までのことは水に流せ。」　　Forgive and forget.

「彼は臆病なのが分かった。」　　I found his white feather in the tail.

## ●単語の置き換えは危険

単語だけを置き換えてすむのであれば、困難は半減するでしょう。しかし、その単語ですら、それぞれは、意味が重なっている部分があるという程度であって守備範囲（意味範囲）は同じではありません。

例2）boy ＝男の子（少年）の他に、息子、若者、給仕、ボーイ、小僧［軽蔑的］、
　　　　愛人（男）、生徒、学生、やつ［口語］等
　　　注：ホテルやレストランのボーイは、それぞれ bellboy, waiter である。

　　　girl ＝女の子（少女）の他に、娘、若い女、女学生、未婚の女、女中、お
　　　　手伝い、女子事務員、女店員、女案内人［口語］、愛人、恋人、家
　　　　の娘達（the ～ s）、お喋りのお婆さん達（gossipy old ～ s）、妻な
　　　　どに対する愛称（my dear ～）等

従って、逐語訳では全く不十分であるし、誤解を招くことにもなりかねません。危険ですらあります。日本人の好む「善処します」、「慎重に検討します」、「よく考えておきましょう」は真意を的確に伝えるには、それこそ、よく考えなければなりません。

例3）Sparse hair or, worse still, baldness makes impossible the natural wish of men and women to be just like other people. The mere fact of looking so different causes disdain, suspicion and ridicule.

[逐語訳]「薄い髪、あるいは、さらに悪いことにハゲは、男と女の他の人々とちょうど同じでありたいという自然な願望を不可能にする。そんなに違って見えるという単なる事実が、軽蔑、疑惑、そして嘲笑を生む。」

[日本語訳]「人間ならだれしも、人と同じようでありたいと願うのは自然なことだ。ところが髪が薄かったり、もっと始末が悪いことにまるっきりハゲていたりでは、こうした願いも虚しいものになってしまう。ただ、外見が違っているというだけで、人からバカにされたり、怪しまれたり、嘲笑されたりしてしまうのである。」　『英語の発想』（安西徹雄）

## ●英語を使ってビジネスに関わる場合の注意点

　ビジネスの世界において、最も問われるのは文書を作成する能力です。文書の目的は、「自分の考えを伝達する」ことですが、「説得力ある文章」であることも必要です。そのためには、「明快な論旨」と「読み易さ」を心がける必要があります。具体的な点は本章の中で、それぞれ実例にそって見ていただければお分りいただけると思います。

　日本語と英語の発想の違いは、文化や宗教の差などからも来ているのだから、英語の学習と共に常にこの相異を意識し勉強しておくことです。

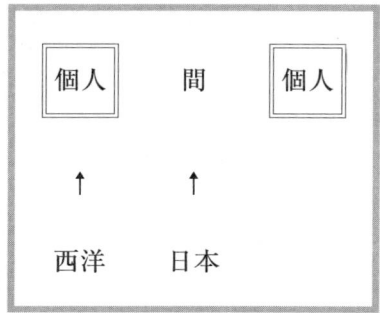

　西洋文化の視点からは、生まれながら原罪（original sin）を有する人間はその個性を発揮することにより人間的完成（罪からの脱却）を図る必要があり、「個」に注意を払うのに対し、日本文化では、人と人との関係つまり「間」を重視し、できる限り人を傷つけないことを目指します。そのことが言語表現に影響を与えることは明白だと思います。

　また、発想の違いから生じる「和製英語」にも十分気を付けて洗い直しておかないと大変なことにもなりかねません。

## ●大切なことはチャンスがあればトライすること

　書くことは難しいのですが、「書くことは難しい」と考えてはいけません。力が付いてから書こうとしていたら、いつまでたっても力が付きません。書いているうちに力が付いてくるものだからです。だから、チャンスがあれば常にトライすることです。

　失敗を恐れていては成功しません。失敗は成功の一部です。真の失敗者は失敗をする人ではなく、失敗に萎縮してしまう人です。成功の秘訣は自信を失わず、最後まで諦めないことです。

　最後にレポート作成の手順を簡潔にまとめておきます。

　　①レポートのテーマを決める。
　　②内容を「起承転結」の大枠にはめる。
　　③キーワード・用例等を参照して文章を作る。
　　④出来上がった文章を編集する。（論理的な構成）
　　⑤バランスと体裁をみて整える。（最終的な整備）

# 重要英単語リスト

## （4） 副詞（句）

## （5） 注意すべき「つながり」表現

# 日本語索引

著者略歴

いし い たかゆき
**石井隆之**

大阪府生まれ。英検１級、通訳ガイド国家資格取得。現在、近畿大学語学教育部助教授、ベルリッツジャパン顧問、清光編入学院言語学研究主任、アルカディアコミュニケーションズ特別客員講師。通訳ガイド研究会会長。英検準１級面接委員、国際教育交流協会面接委員。専門は理論言語学。著書に「論理的に話すための基本英語表現」（共著、ベレ出版）、「TOEIC TEST 990点満点英単語」（単著、明日香出版社）などがある。
著者への質問やメッセージは、englight @arion.ocn.ne.jp （TAC言語文化研究所）まで。

き た たかし
**喜多尊史**

兵庫県三田市生まれ。工業英検１級取得。河合塾、北九州予備校英語講師などを経て、現在、Ｚ会予備校英語講師、ベルリッツスクール TOEIC・TOEFL 講師。フリーランス通訳および翻訳家。専門はリスニング指導とテクニカルライティング。真の国際コミュニケーター育成を目指す寺子屋方式の「喜多塾」を主宰。
著者への質問やメッセージは、kita 1960 @vesta.ocn.ne.jp （喜多塾）まで。

とよおかまさあき
**豊岡正明**

神戸市生まれ。オーストラリア酪農庁を経て、現在、大阪国際高等学院学院長、ヴィツアカデミー学院長、大阪外語専門学校専任講師、神戸文化短期大学非常勤講師。1987年、不登校生のための学園「自然学園・美しき村」を設立。「生かし、生かされ、生きる人生」を考え実践する集い「アネモス」の顧問。専門は、ビジネス英語および貿易実務。

えいぶん  か かた  つか  れいぶんしゅう
**英文レポートの書き方とすぐに使える例文集**

2001年10月25日　初版発行
2004年4月20日　第4刷発行

| 著者 | いし い たかゆき き た たかし とよおかまさあき 石井隆之・喜多尊史・豊岡正明 |
|---|---|
| カバーデザイン | 竹内雄二 |

© Takayuki Ishii & Takashi Kita & Masaaki Toyooka 2001, Printed in Japan

| 発行者 | 内田眞吾 |
|---|---|
| 発行・発売 | **ベレ出版**<br>〒162-0832 東京都新宿区岩戸町12　レベッカビル<br>TEL (03)5225-4790<br>FAX (03)5225-4795<br>振替 00180-7-104058 |
| 印刷 | 株式会社文昇堂 |
| 製本 | 根本製本株式会社 |

落丁本・乱丁本は小社編集部あてにお送りください。送料小社負担にてお取り替えします。

ISBN4-939076-81-4 C2082　　　　　　　　　編集担当　脇山和美